1001 idées

de PATIOS

Heidi Tyline King

 **Broquet**

97-B, Montée des Bouleaux, Saint-Constant, Qc, Canada, J5A 1A9
Tél.: 450 638-3338   Télécopieur : 450 638-4338
www.broquet.qc.ca   info@broquet.qc.ca

Creative Homeowner® est une marque déposée
de Federal Marketing Corp.

**Catalogage avant publication de Bibliothèque et Archives
nationales du Québec et Bibliothèque et Archives Canada**

King, Heidi Tyline, 1966-

1001 idées de patios

(L'encyclopédie du bricolage)
Traduction de: Design Ideas for Decks & Patios.
Comprend un index.

ISBN 978-2-89654-064-8

1. Terrasses (Architecture) - Conception et construction -
Manuels d'amateurs. 2. Patios - Conception et construction -
Manuels d'amateurs. I. Titre. II. Titre: Mille et une idées de
patios. III. Collection: Encyclopédie du bricolage (Boucherville,
Québec).

TH4970.K5614 2009   728'.93   C2008-942212-0

**Pour l'aide à la réalisation de son programme éditorial, l'éditeur
remercie :** le Gouvernement du Canada par l'entremise du Programme
d'aide au développement de l'industrie de l'édition (PADIÉ) ; la Société
de développement des entreprises culturelles (SODEC) ; l'Association
pour l'exportation du Livre Canadien (AELC) ; le Gouvernement du
Québec – Programme de crédit d'impôt pour l'édition de livres
– Gestion SODEC.

Titre original : *Design Ideas for Decks and Patios*

Pour la version en langue française :
Copyright © Broquet Inc. Ottawa 2008
Dépôts légal - Bibliothèque et archives nationales du Québec

Traduction : Claude Dallaire
Révision : Lise Lortie
Infographie : Nancy Lépine

Copyright © Ottawa 2009 Broquet inc.
Dépôt légal — Bibliothèque et Archives nationales du Québec
1er trimestre 2009

Imprimé en Chine

ISBN 978-2-89654-064-8

Dédicace

À tous les bricoleurs qui s'efforcent d'aménager
leur maison – à l'intérieur et à l'extérieur –
en espace de séjour confortable.

Contenu

CI-DESSUS Une table et un parasol choisis avec soin peuvent donner le ton à l'ensemble de votre aménagement extérieur.

CI-DESSOUS En panne d'idées pour décorer? Inspirez-vous du style de votre maison ou de la décoration intérieure.

À DROITE Vous pourriez aménager votre patio ou votre terrasse en fonction d'un point de vue spectaculaire.

Qui n'aime pas profiter pleinement du plein air? Pour en bénéficier davantage, aménagez un patio ou une magnifique terrasse. Que vous habitiez une région aride ou tempérée, vous recherchez sans doute, comme la plupart des propriétaires, une façon d'étirer ces beaux jours d'été bercés par la brise et ces moments de détente sous le soleil et les étoiles. *1001 idées de patios* vous fournit l'inspiration et les informations requises pour réaliser ce projet.

Tout projet de rénovation requiert une planification judicieuse – l'ajout d'un patio ou d'une terrasse n'échappe pas à cette règle. Cet ouvrage couvre tous les aspects, des considérations reliées à l'emplacement aux matériaux les plus récents. Vous voulez des conseils au sujet d'une cuisine extérieure dernier cri? N'allez pas plus loin. Vous

Introduction

cherchez une façon créative de reproduire le confort et l'allure sophistiquée de vos pièces intérieures à votre nouvel – ou actuel – aménagement extérieur? Choisissez simplement un ameublement de style facile d'entretien parmi les nombreux exemples à l'intérieur de ces pages, et suivez nos conseils pour disposer vos meubles afin de maximiser votre confort. Vous trouverez également une multitude de suggestions en aménagement paysager ou pour la construction de foyers, de cheminées ou d'écrans visuels, pour différents types d'appareils de chauffage extérieurs ainsi que pour des conceptions d'éclairage et d'éléments d'eau parmi les plus récentes.

Alors qu'attendez-vous? Planifiez votre nouvel aménagement extérieur dès aujourd'hui.

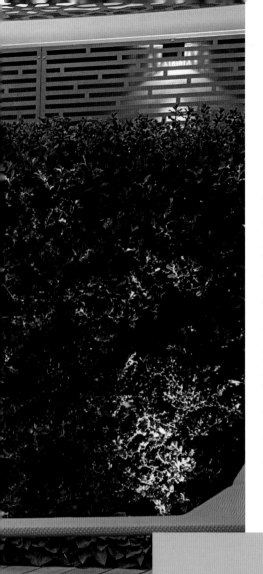

1

Aujourd'hui, les terrasses et les patios sont aménagés de façon un peu plus sophistiquée. Désormais, les propriétaires préfèrent vanter les vertus de leur « espace extérieur », de son confort et de ses attraits. En fait, la tendance démontre que la dimension des patios et des terrasses ne cesse de croître, et que ces constructions sont pourvues d'un plus grand choix d'agréments. Les nouveaux matériaux et accessoires en facilitent la construction, l'entretien et la décoration. Mais l'aspect le plus important d'un tel aménagement n'a pas changé : la planification. Ainsi, ce chapitre souligne plusieurs points importants à considérer, y compris le choix de l'emplacement, la sélection du style et l'évaluation de votre budget.

La planification

I un patio, une terrasse – ou les deux ?
I l'emplacement
I forme et dimension

Quoi de neuf ? Un patio flottant qui surplombe un bassin aquatique illustre la fusion des styles oriental et contemporain. Notez les matériaux industriels et les lignes épurées de l'ameublement.

CI-DESSUS L'uniformité de la terrasse carrée conçue à partir de carreaux de pierre blanche rehausse la quiétude de ce jardin d'eau japonais.

À GAUCHE Le gazon qui pousse dans l'espace entre les pierres procure un aspect informel à cette terrasse.

CI-CONTRE Une passerelle permet une transition originale entre cet étang de carpes koi et le jardin de vivaces. Un patio, une terrasse – ou les deux ?

un patio, une terrasse – ou les deux ?

Posséder un espace extérieur aménagé à proximité de votre salle de séjour constitue une excellente façon de vous choyer. Or, voilà précisément ce que vous apporte l'aménagement d'un patio ou d'une terrasse. Même si cet espace n'est pas essentiel, lorsqu'il est bien planifié il peut devenir un endroit paisible et confortable pour y recevoir des amis, s'y détendre en famille, y prendre le repas ou tout simplement s'y reposer à la fin d'une longue journée.

La fonction d'un patio et celle d'une terrasse sont identiques, mais les éléments qui les constituent les distinguent. Une terrasse permet une transition entre l'espace intérieur et le jardin. Le cachet d'une terrasse relève souvent du choix des matériaux, tels la brique, la pierre ou les carreaux, et du procédé d'installation. Les briques peuvent être disposées selon divers appareillages – vous pouvez choisir un modèle qui s'intègre au briquetage de votre maison ou opter pour un appareillage tout à fait différent. De l'ardoise et des pierres des champs peuvent être façonnées pour créer des modèles aléatoires ou être taillées pour s'intégrer à un modèle uniforme. Vous pouvez imbriquer des pavés les uns dans les autres ou les espacer pour permettre à la mousse de pousser dans les interstices et ainsi ajouter de la couleur et adoucir l'aspect de l'ensemble. Le béton, un matériau populaire, peut être façonné de diverses façons, ou être damé, coloré ou incrusté. Les carreaux et les pavés autobloquants, de taille uniforme, vous permettent de créer des bordures et des appareillages attrayants.

Un patio peut également servir de transition entre la maison et la cour arrière. Il peut être aménagé au-dessus du sol pour surmonter un obstacle, par exemple une pente escarpée. Un patio surélevé peut améliorer la perspective en offrant un point de vue sur un champ ou au-dessus de la cime des arbres. Durant l'hiver, vous pourriez même vous prévaloir de l'espace en dessous du patio pour y entreposer des jouets, du matériel, de l'ameublement, des outils de jardinage ou des accessoires pour la piscine. Un patio peut avoir plusieurs niveaux – une façon simple de conférer un attrait visuel à un emplacement autrement banal. Un patio enveloppant peut favoriser l'accès à plusieurs pièces.

À DROITE Ce patio longiligne construit près du sol reflète l'attrait rustique de la maison pièce sur pièce.

CI-DESSOUS À GAUCHE Chacun de ces deux patios surélevés offre une perspective de choix pour admirer les splendeurs de la campagne.

CI-DESSOUS À DROITE Les propriétaires ont opté pour un appareillage traditionnel en volige à caissons. La mousse entre les briques ajoute un accent ténu de vert.

CI-CONTRE Les carreaux en terre cuite du plancher de cette « pièce extérieure » évoquent l'allure toscane de la maison.

la polyvalence : l'ingrédient clé des patios et des terrasses

terrasse versus patio

Une terrasse requiert une surface plane et de niveau pour permettre le ruissellement des eaux et de la neige. Sinon, les matériaux (le béton ou les pavés) exigent peu d'entretien. Un patio peut être construit au-dessus d'un terrain dénivelé ou cahoteux car la structure est surélevée, mais vous devez tenir compte du soutènement et de sa capacité de charge. Le platelage en bois exige un entretien régulier.

Considérez l'emplacement et l'utilisation de votre aménagement extérieur avec soin. Observez les habitudes de circulation autour, à travers et à l'intérieur de l'aire sélectionnée, en tenant compte des voies de passage, des portes, des escaliers, et des aires de détente prévues ou en place. Pensez à la position du soleil par rapport à l'espace. Une orientation vers le sud procure un ensoleillement – et de la chaleur – toute la journée, nuit à la croissance de la mousse et de certaines plantes, et pourrait aussi éloigner ceux qui préfèrent moins de soleil. Une orientation vers l'est favorise une lumière matinale moins crue, alors qu'une orientation vers l'ouest fournit un ensoleillement direct, tard en après-midi. Si l'emplacement fait face au nord, il ne reçoit pas d'ensoleillement direct, ce qui peut être rafraîchissant dans un climat aride, mais un peu trop frais dans un climat tempéré. Un sol relativement plat peut être mis à niveau pour y aménager une terrasse. Mais si l'emplacement est déni-

l'emplacement

velé ou que le sol est cahoteux, un patio constitue le meilleur choix.

La dimension est un autre facteur important à considérer. Un patio ou une terrasse peut être accueillant, peu importe sa dimension. Mais l'aménagement doit d'abord vous offrir assez d'espace pour que vous puissiez en profiter de la manière désirée. C'est un endroit pour y recevoir des amis? Prévoyez une aire de détente confortable. Pour y préparer la nourriture et prendre le repas? Élaborez une configuration qui protège les invités de la chaleur, de la fumée et des odeurs de la cuisson. Pour y profiter d'une piscine ou d'un bain à remous? Assurez votre intimité avec des arbustes ou un écran visuel.

La façon la plus évidente de déterminer l'emplacement se rattache au point de vue. La vision panoramique de montagnes, d'un littoral ou de l'horizon devrait être offerte à partir d'un espace extérieur qui rehausse le paysage environnant. Orienter un patio ou une terrasse en fonction d'une vue spectaculaire requiert peu d'imagination. Si le point de vue laisse à désirer ou qu'il n'offre absolument rien de remarquable, transformez votre aménagement en centre d'intérêt visuel à l'aide de plantations ou d'un ameublement attrayant.

forme et dimension

Vous pouvez donner à l'ensemble de votre patio ou de votre terrasse une forme incurvée, hexagonale, circulaire et même celle d'un rein! Désirez-vous un aménagement à plusieurs niveaux, une structure qui enveloppe le pourtour de votre maison, une construction surélevée ou près du sol? Qu'est-ce qui vous convient le mieux? Pensez au style et à la fonctionnalité. Voulez-vous que le patio soit accessible à partir de différentes pièces intérieures? Souhaitez-vous que la terrasse contourne un arbre centenaire? Consultez des livres, des magazines, écoutez des émissions et promenez-vous autour de votre localité en notant surtout les aménagements que vous trouvez attrayants. Réalisez un montage de vos patios et terrasses préférés, en essayant de comprendre la raison de leur attrait. Portez une attention aux proportions de la maison par rapport à celles de l'aménagement extérieur. Est-ce bien la cheminée en pierres qui retient votre attention ou la rangée de banquettes intégrées? Relevez les détails et les matériaux récurrents – les éléments qui se rapprochent de ce que vous envisagez pour votre espace extérieur.

Au moment de la planification, intégrez vos idées au plan en choisissant un ou deux éléments, puis reprenez-les régulièrement pour créer un impact. Si vous prévoyez agencer les banquettes et les balustrades de votre patio à un élément surélevé, ayez recours à des composantes semblables. Ainsi, la similitude entre le treillis et la balustrade n'est peut-être pas frappante, mais elle procure tout de même un sentiment de cohérence à l'aménagement. Les accessoires sont également importants, car la qualité de la fabrication et le choix des matériaux rehaussent le cachet de l'ensemble.

La dernière étape consiste à introduire un centre d'intérêt visuel. Cela pourrait être un foyer extérieur, un point de vue enchanteur, un élément d'eau ou un assortiment de plantes en pot. Accentuez votre centre d'intérêt visuel avec un éclairage distinct puis disposez l'ameublement et les accessoires pour équilibrer l'ensemble.

À DROITE Un platelage aménagé autour d'un arbre donne un aspect à la fois inattendu et amusant. Vous pouvez intégrer des éléments paysagers au concept de votre patio.

des patios et des terrasses aux nombreux atouts ||||||||||||||||||||||||||||

CI-CONTRE EN HAUT À partir de cette perspective, vous êtes à même de constater à quel point un patio peut combler différentes exigences sur les plans du style et du mode de vie.

CI-CONTRE EN BAS Un patio surélevé d'envergure modeste prolonge littéralement l'espace intérieur vers l'extérieur. Ici, la symétrie donne une cohérence à l'ensemble.

CI-DESSUS Un patio recouvert constitue l'endroit idéal pour manger en plein air. Celui-ci mène à une terrasse au recouvrement de carreaux de pierre. Une clôture en bois massif assure l'intimité de cet aménagement urbain.

À GAUCHE Le mélange d'ameublement en bois et de carreaux en pierre ajoute de l'attrait sur les plans de la texture et de la vue.

I I I concept à plusieurs niveaux pour «pièces» multiples I I I I I I I I I I I I I I I I I

CI-CONTRE En plus d'accroître la superficie d'un patio aménagé sur une petite surface, les niveaux multiples rentabilisent au maximum les formes non classiques d'un terrain.

I

CI-DESSUS En attribuant un usage spécifique à différents niveaux, telle une aire de détente ou de repas, un vaste espace peut être découpé de façon fonctionnelle.

I

À GAUCHE Un escalier en cascade, avec des aires d'assises aérées, épouse le dénivelé de cette pente escarpée et s'intègre parfaitement au paysage environnant.

À DROITE Même si l'espace est restreint, essayez d'attribuer différentes aires d'activités à votre patio ou à votre terrasse. Ici, par exemple, un bain à remous est intégré dans un petit patio surélevé à proximité d'une terrasse modeste. Ces deux aires sont contiguës à une véranda pourvue d'un grillage moustiquaire.

CI-DESSOUS Dans un aménagement que les propriétaires considèrent comme une salle de séjour extérieure, cette cheminée en pierre constitue un centre d'intérêt visuel remarquable durant l'été et au cours de la journée. En soirée et au cours des mois plus frais, elle permet de prolonger les moments passés sur la terrasse.

| | | | | une seule « pièce » aux usages multiples | | | | | | | | | | | | | | | |

CI-DESSUS Prévoyez des déplacements sécuritaires d'un niveau à l'autre. Assurez-vous de bien éclairer les marches et les allées lorsqu'il fait nuit.

À DROITE Un auvent en canevas procure de l'ombre au chef de cette cuisine extérieure. Si vous aménagez une aire de cuisson, éloignez celle-ci – et ses émanations de fumée et de chaleur – de l'endroit où seront assis les invités.

EN HAUT À GAUCHE Voici un exemple de patio qui enveloppe le pourtour d'une maison pour tirer profit des différentes perspectives.

À GAUCHE L'ajout d'une pergola procure un intérêt architectural – et de l'ombre – à ce concept.

CI-DESSUS Des patios interreliés de différentes formes et de différentes dimensions rehaussent l'aspect de cette propriété en bordure d'un lac.

un patio enveloppant qui suit le soleil

osez innover

Brisez les conventions établies. En matière de patios, plusieurs possibilités s'offrent à vous. Au lieu de la traditionnelle véranda avant, érigez un patio au niveau de l'entrée. Vous ajoutez une chambre principale? Aménagez un balcon à l'avant ou à l'arrière, ou enveloppez-le autour de trois façades. Choyez-vous en équipant d'une douche extérieure un petit patio attenant à une salle de bain.

▮▮▮▮▮▮▮▮▮ les formes originales s'intègrent au paysage ▮▮▮▮▮▮▮▮▮▮▮▮▮

À GAUCHE L'aspect informel et organique de cette terrasse en pierres naturelles a été minutieusement conçu pour intégrer l'espace au style et à l'emplacement rustique de la maison.

CI-DESSUS Une terrasse requiert une surface plane. Celle-ci se prolonge d'une aire couverte attenante à la maison, jusqu'à l'extérieur.

À DROITE Du gravillon et de petits carreaux aux formes arrondies produisent un climat propice à ce jardin de méditation.

2

Il serait sage, au cours de votre planification, de noter les détails entourant l'emplacement de votre nouvelle « salle » de séjour extérieure. Si celle-ci est fixée à votre maison, assurez-vous de prévoir un espace dégagé pour circuler de l'intérieur à l'extérieur, tant pour le style que pour l'aspect pratique. Peu importe l'emplacement de votre aménagement, vérifiez le degré d'ensoleillement de l'endroit choisi. Quel point de vue offre-t-il ? Nécessitera-t-il un écran visuel ou une cloison pour se protéger du vent ? Comment pourriez-vous améliorer le point de vue et assurer votre confort à toute heure de la journée ? Voici quelques idées pour y voir un peu plus clair.

Points de vue

- transitions fluides
- emplacements détachés ou négligés
- « pièces » à aire ouverte
- ombre et intimité

Un ameublement judicieusement disposé jumelé à un point de vue aéré transforme une terrasse en aire de conversation accueillante.

CI-DESSUS Le contraste cru entre le ton des murs de la maison et celui de l'aire de séjour de la terrasse est atténué par les fleurs et les plantes empotées.

À GAUCHE En disposant l'ameublement en angle par rapport à la maison, cela évite de donner un aspect carré dépourvu d'originalité à la terrasse.

CI-CONTRE Un comptoir longiligne crée une transition naturelle entre la cuisine extérieure et la surface de séjour sans rompre avec la continuité visuelle.

En plus de vous offrir un espace d'habitation supplémentaire, n'oubliez pas qu'une terrasse ou un patio peut aussi servir de transition de la maison à votre cour. Pour des raisons à la fois pratiques et esthétiques, assurez-vous de dégager ce passage.

Si vous construisez un patio, évitez les longs escaliers; aménagez plutôt une série de paliers répartis sur plusieurs niveaux de manière à rendre la descente naturelle. Au lieu de faire une progression verticale uniforme, prévoyez des niveaux en cascade, placés en angle. Vous pourriez aussi rehausser votre patio d'une autre aire de transition – une terrasse – au niveau du sol.

Vous pouvez effectuer la transition de l'intérieur à l'extérieur de votre aire d'habitation de manière visuelle en utilisant des matériaux assortis ou complémentaires. Pour une terrasse, des briques, des pavés ou de la pierre concassée s'adapteront facilement au style choisi. Vous devriez aisément en trouver qui s'agencent aux matériaux de votre maison.

Considérez aussi la forme, en vous inspirant du style de votre maison. Par exemple, vous pourriez aménager une terrasse de forme polygonale qui rappelle le pourtour de la maison ou de l'avant-toit. Les courbes sont attrayantes, mais cela constitue un choix coûteux lorsqu'il s'agit de reproduire celles-ci sur un patio. Vous pourriez cependant coordonner un patio ou une terrasse incurvés avec une fenêtre en baie ou demi-circulaire. Les courbes peuvent faciliter l'intégration d'un patio à un terrain dont la surface est irrégulière.

transitions fluides

Pour des raisons esthétiques, n'oubliez pas d'incorporer un élément du style intérieur de votre maison à votre aménagement extérieur. Utilisez de la couleur, de l'ameublement et quelques accessoires décoratifs.

À DROITE L'aspect visuel de cette « pièce » est harmonieux car les traits rectilignes de l'ameublement reproduisent la forme de la maison.

CI-DESSOUS Agencez l'aspect des pièces intérieures et extérieures de votre maison. Ici, l'ameublement partage une certaine parenté de style.

CI-CONTRE Un ameublement d'aspect douillet assorti d'une lampe calorifique stylisée rend cette terrasse aussi confortable qu'une salle de séjour intérieure.

les principes du design opèrent autant à l'extérieur qu'à l'intérieur

portes et **c**loisons **e**xtensibles

❙ **Profitez de l'emplacement de votre porte** pour concevoir une entrée qui rehausse la continuité visuelle entre l'aire intérieure et l'aire extérieure. Mieux encore, installez des portes ou des cloisons extensibles pour éviter que l'espace de transition soit trop dégagé tant visuellement que physiquement.

❙ **Installez des portes vitrées** pour accentuer le sentiment d'unité entre l'espace intérieur et l'espace extérieur.

❙ **Une cloison** extensible pourvue de sections pliantes ou empilables constitue une autre possibilité. Ces sections peuvent parcourir toute la longueur du mur et se replier complètement hors de la vue. Il existe des cloisons fabriquées en bois, en aluminium ou en bois paré d'aluminium.

l'aire ouverte

De vastes portes
vitrées facilitent l'accès
et brouillent les frontières
entre l'espace intérieur
et l'extérieur.

CI-CONTRE Ces panneaux vitrés qui coulissent
le long d'un rail fixé dans la partie supérieure du
chambranle se replient pour offrir une plus grande
ouverture.

CI-DESSOUS Des murs pratiquement constitués
de vitre intègrent le patio et les bois environnants
aux surfaces de séjour intérieures de cette maison
moderne.

À DROITE Ces arches aérées, qui reproduisent
des arches semblables à l'intérieur de la maison,
procurent un certain cachet à cette terrasse.

des escaliers bien conçus

▌**Des escaliers bien conçus** doivent être solides, accessibles et de niveau – ensuite seulement faut-il considérer leur valeur esthétique. En plus de constituer une transition décorative et fonctionnelle vers la cour, ils fournissent un autre endroit pour ajouter des éléments de style à votre espace extérieur.

▌**Par mesure de sécurité,** posez une main courante. Enlevez toute trace de moisissure de vos escaliers en bois ou en pierre afin d'éviter qu'ils ne deviennent glissants. Pour une meilleure adhérence, apposez des bandes antidérapantes.

▌**Un escalier d'une bonne largeur** procure un certain cachet ; il est plus facile à emprunter et ancre solidement le patio ou la terrasse au sol.

▌**Les pas japonais** doivent être plats et dotés d'une surface la plus uniforme possible. Ils doivent être solidement implantés dans le sol et disposés de manière à ce que le passage d'une pierre à l'autre s'effectue de façon naturelle.

CI-CONTRE Le mélange des matériaux
rehausse l'aspect visuel. Ici, l'armature
métallique agit comme mode de soutènement tandis que les marches de bois
intégrées ajoutent de la chaleur à ces
escaliers extérieurs.

CI-DESSUS Cet escalier de pierres
anguleuses offre une transition coor-
donnée de la terrasse à la cour arrière.

À GAUCHE Les pavés s'intègrent
harmonieusement aux couleurs de cette
jardinière en pierre des champs.

CI-DESSUS Un patio longiligne permet de profiter d'un point vue sur le port.

CI-DESSUS À DROITE Une aire d'assise en forme de croissant atténue l'aspect de cette retraite urbaine.

À DROITE Ce patio situé sur le toit donne accès à la chambre principale.

CI-CONTRE Cet ameublement élégant parachève parfaitement une pièce extérieure donnant vue sur la ville.

Existe-t-il, quelque part sur votre propriété, un endroit particulièrement charmant que vous aimeriez transformer en aire de méditation ? Un espace pour aménager un bain à remous, situé aux confins de votre cour pour mieux y observer le coucher du soleil ? Ou un jardin latéral suffisamment ombragé pour y ériger une terrasse d'inspiration vieille Europe et y prendre des repas en plein air ? Que diriez-vous d'une terrasse sur le toit ou d'un petit balcon attenant à votre chambre à coucher ? Normalement, la plupart des patios et des terrasses se trouvent à l'arrière de la maison, mais cela n'est pas une règle absolue. Vous pouvez profiter d'un point de vue original ou d'un emplacement particulier et éviter qu'un aménagement ne soit fait à quelques pas de votre porte arrière.

L'ajout d'un patio surélevé peut rehausser l'aspect de votre résidence, surtout si vous posez des balustrades de style ou une cloison attrayante. Il peut s'ériger sur le toit de votre garage ou celui d'un appartement situé en ville. Mais en premier lieu, renseignez-vous auprès du service des bâtiments de votre localité pour connaître les conditions requises. Les habitations à propriété partagée sont régies par des règlements très stricts en ce qui a trait aux aménagements sur les toits.

La principale préoccupation consiste à déterminer si votre toit peut supporter une telle charge.

emplacements détachés ou négligés

Le matériel de platelage est relativement léger. Mais vous devrez laisser un espace entre le platelage et la surface du toit pour l'écoulement des eaux. Contrairement aux pavages, ce type de recouvrement est plus simple à enlever lorsque des réparations doivent être effectuées au toit. Les pavés autobloquants ne sont pas difficiles à enlever, mais leur poids est considérablement supérieur à celui du bois.

délimitez votre espace avec créativité

CI-CONTRE Un mur de pierres empilées constitue l'élément clé de cette terrasse. Il la sépare visuellement du parterre gazonné légèrement incliné.

CI-DESSUS D'aspect moderne, ces câbles en acier agencés aux poteaux en bois offrent une vue dégagée et rendent l'ensemble attrayant.

À GAUCHE Les murs de pierre et les clôtures de fer de cette terrasse surélevée constituent une solide enceinte.

bordures

▌**Si vous souhaitez doter votre espace extérieur** du caractère d'intimité propre aux
pièces intérieures, aménagez une bordure. La façon la plus courante de délimiter une aire extérieure
consiste à ériger des murs et des clôtures, mais vous pouvez aussi utiliser une bordure d'arbustes
ou des plantes empotées.

▌**Les bordures peuvent également être fonctionnelles.** Par mesure de sécurité, ajoutez
un muret lorsque le terrain situé au-delà de votre terrasse est en pente inclinée. Si l'intimité est un
facteur important, intégrez une clôture ou un treillis à votre concept. Un mur ou des balustrades
autour d'un patio constituent l'endroit idéal pour installer des banquettes intégrées.

CI-DESSUS Cette jardinière à angle droit se démarque du mur curviligne. Elle introduit une nouvelle forme et ajoute de la variété.

CI-DESSUS À DROITE Cette aire de feu fait partie intégrante d'une terrasse en pierre de grande envergure.

À DROITE Un mur naturaliste composé de roches et assorti d'une chute d'eau semble rafraîchissant à proximité de cette terrasse en pierre.

Les pièces extérieures peuvent être aussi fonctionnelles et conviviales que leurs compléments intérieurs – et souvent bien plus charmantes et romantiques. Mais il existe un élément imprévisible qui peut miner tous les avantages qu'offre une pièce extérieure – le temps qu'il fait. Une préparation adéquate contre cet élément impondérable détermine directement la durée du temps que vous passerez à cet endroit.

« pièces » à aire ouverte

Si l'hiver est rigoureux, prolongez votre saison à l'extérieur avec des lampes calorifiques ou des appareils de chauffage portables disposés stratégiquement près des aires de détente et de repos. Pour ajouter de la chaleur, envisagez une aire de feu ou un foyer extérieur. Pour vous parer du vent, ceinturez votre terrasse d'un muret ou fixez votre patio à un mur extérieur.

Sous un climat aride ainsi que durant l'été, ajoutez des auvents, des parasols ou d'autres formes de protection contre le soleil. Des treillis résistants recouverts de lierre ou de vigne peuvent aussi vous procurer de l'ombre et du réconfort, ainsi qu'un ventilateur de plafond toute saison fixé à une structure surélevée. Vous pouvez aussi ajouter des arbustes et des plantations pour absorber la chaleur. Une fontaine peut accentuer l'effet rafraîchissant de l'ensemble, produisant en prime le son agréable de l'eau qui cascade. Sous un climat très chaud, munissez-vous d'un nébulisateur résidentiel qui produira périodiquement des gouttelettes d'eau dans l'air.

Les auvents rétractables peuvent être déployés au besoin. Pour une protection permanente, érigez tout simplement un toit au-dessus de votre patio ou de votre terrasse. Vous pourriez opter pour une installation complexe et fixer la structure à même la toiture de votre maison, ou vous simplifier la tâche en érigeant simplement un pavillon de jardin isolé soutenu par des poteaux fixés au sol.

À GAUCHE Source de chaleur pour les soirées fraîches, ce foyer extérieur constitue également un centre d'intérêt visuel. Il prolonge la saison extérieure au-delà de l'été.

CI-DESSUS Sous ce climat tempéré à longueur d'année, les tuiles en terre cuite absorbent la chaleur du soleil au lieu de la réfléchir.

À DROITE Choisissez un ameublement toute saison recouvert de tissu grand teint capable de résister aux écarts de température extrêmes.

divisez pour mieux régner

Certaines activités requièrent leur propre espace. Par exemple, vous ne voudriez sans doute pas prendre un bain de soleil à proximité d'une aire de cuisson. Ou laisser l'aire de jeu des enfants empiéter sur l'espace réservé aux adultes. Voici quelques solutions :

❚ **Un concept à niveaux multiples** pour accommoder des besoins différents.

❚ **Délimitez l'espace** à l'aide de jardinières intégrées ou isolées, d'un treillis, d'un écran visuel ou de rideaux extérieurs.

❚ **Aménagez des « pièces »** distinctes dans diverses aires de votre cour. (Voir à la page 41.)

CI-DESSUS À GAUCHE Un jardin à l'anglaise offre une splendide toile de fond pour y prendre le petit-déjeuner en toute intimité, baigné par la lumière du matin.

CI-DESSUS Les fins d'après-midi sont fraîches et ombragées à cet endroit, ce qui en fait une aire idéale pour se prélasser avant le dîner.

À GAUCHE Ces chaises moelleuses sont disposées devant le foyer pour les journées fraîches et les soirées d'automne.

sous le soleil exactement

▌ **Avant d'aménager votre terrasse ou votre patio,** il est important de considérer le niveau d'ombre et d'ensoleillement souhaités. Un patio situé sur la façade nord de votre maison ne bénéficiera pas de lumière directe. Mais sous un climat aride, cet emplacement est idéal.

▌ **Une exposition à l'est** privilégie la lumière du matin et l'ombre de l'après-midi. Cet emplacement constitue souvent le meilleur choix pour un climat tempéré.

▌ **Sous un climat plus frais,** une orientation sud-ouest jouit d'un plein ensoleillement tard en après-midi, réchauffant ainsi les périodes fraîches du mitan de la journée au printemps et à l'automne.

▌ **L'angle du soleil** est important. Le soleil est à son zénith durant l'été et à son plus bas en hiver. Ainsi, un aménagement orienté vers le sud reçoit plus de chaleur durant l'été.

CI-DESSUS Un toit solide protège cette terrasse et cette cuisine extérieures du soleil et de la pluie.

▌ **À DROITE** Une terrasse orientée vers le sud-ouest est idéale pour dîner en plein air en début de soirée.

idée de génie

en suspens

Le prolongement d'un porte-à-faux protège la terrasse des intempéries sans obstruer la lumière. Un aménagement paysager luxuriant crée une « muraille » extérieure.

CI-DESSUS Un auvent en tissu procure de l'ombre à cette cuisine et à cette aire de repas extérieure.

CI-CONTRE À GAUCHE Le feuillage de ces arbres tamise naturellement la lumière crue du soleil.

CI-CONTRE À DROITE Un aménagement paysager dense assorti à une couverture en chaume transforme cette petite terrasse en enclave tropicale.

ombre et intimité

Trop d'ensoleillement peut diminuer le temps que l'on passe en plein air. Ajoutez un auvent, prolongez le porte-à-faux de votre toiture, ou érigez une structure en treillis recouverte de tissu ou de vigne pour boucher les interstices et bloquer la lumière du soleil.

Le degré d'intimité doit aussi être considéré. L'emplacement d'une terrasse ou d'un patio – en plein air – constitue son attrait principal, mais il comporte parfois des inconvénients. Votre première décision consiste à choisir entre une pièce ouverte et spacieuse ou douillette et en retrait. Un petit espace semble plus accueillant – ou moins bondé – qu'un vaste patio. Des banquettes et des balustrades de faible hauteur assorties de grandes sections aérées offrent une certaine intimité sans vous donner le sentiment d'être à l'étroit. Un aménagement longiligne qui enveloppe la maison favorise davantage la tranquillité qu'une structure qui avance en saillie dans la cour.

Si votre patio est surélevé, vous vous exposez à la vue des passants. Pour éviter ce problème, installez une cloison, un treillis, un auvent en toile ou des rideaux extérieurs et des stores. Un grillage à moustiquaire peut aussi vous procurer plus d'intimité.

idée de génie

beauté naturelle

Si votre aménagement
vous offre un point de vue
grandiose, simplifiez l'aspect
de votre ameublement
et de vos accessoires.

CI-DESSUS Ici, le patio et l'ameublement sont fabriqués à partir du même type de bois, conférant ainsi une cohésion à l'ensemble.

À DROITE Deux chaises confortables suffisent à meubler ce patio construit sur le toit.

plénitude et plein air vont toujours de pair

3

Avant de choisir les matériaux de votre nouveau patio, il est important de considérer l'esthétisme, l'entretien requis et la durabilité. Plusieurs possibilités s'offrent à vous. En plus du platelage en bois traditionnel, vous trouverez du bois traité, des matériaux en composite et du platelage en vinyle. Une variété de systèmes d'attache dissimulés permet d'améliorer l'apparence des surfaces, tandis que des systèmes d'écoulement des eaux situés sous le patio réduisent le degré d'humidité nuisible au bois. Pour vous aider à choisir les meilleurs matériaux en fonction de vos besoins et de votre budget, ce chapitre vous décrit les avantages et les inconvénients de chacun d'entre eux.

Le platelage

- le bois naturel
- le bois traité
- les matériaux composites
- la finition

Les patios en bois requièrent une finition hydrofuge pour prévenir l'écaillage et le rétrécissement du bois.

Rien ne rivalise la beauté du bois naturel. Le séquoia, le cèdre et le cyprès sont les trois types de bois les plus utilisés pour construire un patio. Le séquoia est un favori de longue date, à cause de son magnifique grain en fil droit et de sa bonne capacité d'absorption des produits de finition. Le bois de cœur du séquoia résiste à la pourriture, à la décomposition et aux insectes – les ennemis jurés des structures en bois. Son prix constitue son seul inconvénient. Selon la région, il peut coûter quatre fois plus cher que le bois traité. (Voir à la page 62.) Afin d'économiser, vous

le bois naturel

pourriez toutefois l'utiliser seulement pour les parties visibles puis opter pour du bois traité pour les éléments de soutènement. Sa couleur varie du rouge pâle au rouge foncé. Il peut être teint ou laissé sans finition ; avec le temps, il prendra une patine grise fort attrayante.

Le platelage en cèdre, souvent de variété thuya géant (Western Red Cedar), possède plusieurs des qualités du séquoia, mais coûte beaucoup moins cher. Le bois de cœur du cèdre résiste aux insectes et à la pourriture et se travaille facilement. Plus mou que le séquoia, le cèdre devrait être de qualité numéro 1 pour les éléments de soutènement. La qualité de bois Custom Clear convient pour donner un aspect contemporain à l'ensemble, tandis que le bois de qualité Knotty possède un cachet rustique. Le cèdre peut être laissé sans finition pour qu'il prenne une belle patine grise, mais il absorbe mieux les produits de finition que d'autres variétés.

Le cyprès chauve est bien reconnu dans le sud-est des États-Unis. On le retrouve surtout dans les zones arborées marécageuses. Il résiste à la pourriture et aux insectes. Le cyprès possède de bonnes qualités hydrofuges, mais il prend beaucoup de temps à sécher lorsqu'il absorbe de l'humidité. Avant de l'utiliser, il doit donc être soigneusement séché pour éviter qu'il ne gauchisse. Dans les régions du sud-est, le cyprès se vend à prix abordable, mais plus vous vous éloignez de sa région d'origine, plus il coûte cher. Ses teintes varient du brun pâle au rouge, avec patine grise.

CI-CONTRE Optez pour un matériel de platelage à l'image de votre goût, de votre style et de votre budget.

CI-DESSOUS Un patio en séquoia coûte plus cher que la plupart des autres types de bois, mais il résiste bien à l'humidité, aux insectes et à la décomposition.

idée de génie

les qualités

Pour un patio ou des éléments construits au sol ou près du sol, choisissez une qualité de bois de cœur. Si le risque de décomposition ou d'insectes nuisibles est infime, optez pour une qualité de bois d'aubier.

idée de génie

regardez à la dépense

Économisez en utilisant
le bois exotique seulement
pour les éléments visibles
— le platelage et les balustrades.
Prenez du sapin ou du pin
pour les structures
de soutènement.

CI-DESSUS En plus de sa longévité et de sa durabilité, le bois est également prisé pour les élégantes variations de ses teintes.

À DROITE Ce patio en bois d'acajou de Cambara patiné d'un gris mat ne montre aucun signe de fentes, d'écaillage ou de voilement.

CI-CONTRE L'ipé du Brésil est un feuillu de grande qualité, plus durable que le séquoia et deux fois plus résistant que le chêne.

bois exotiques : avantages et inconvénients

Les bois exotiques tels l'ipé (pau lopé, bois de fer ou noyer du Brésil), le teck, le cerisier du Brésil ou l'acajou des Philippines sont extraordinairement denses et riches en huiles naturelles. Bien reconnus pour leur résistance et leur durabilité, ces bois ne nécessitent aucun entretien. Ils peuvent résister à la décomposition, aux maladies fongiques, aux insectes perce-bois et même au feu.

L'inconvénient du bois exotique réside dans sa dureté : avant de fixer les systèmes d'attache en acier inoxydable, vous aurez peut-être à percer des avant-trous. En plus des frais engendrés par ce travail supplémentaire, les bois exotiques sont aussi onéreux que le séquoia. Ils requièrent un entretien continu pour préserver leur teinte.

| | | | la plupart des patios en bois de feuillus requièrent peu d'entretien | | | | | | | |

Pour la plupart des propriétaires, le bois traité sous pression demeure le choix le plus rentable, accessible et pratique pour construire un patio. Le pin, la pruche et le sapin sont le plus souvent utilisés. Lorsqu'il est traité, le bois résiste extrêmement bien à la pourriture et aux insectes. Malgré sa dureté, il peut être facilement percé ou cloué. Vous n'aurez probablement pas à percer d'avant-trous avant de procéder à l'installation.

Comment le bois devient-il traité sous pression? On l'introduit dans une chambre à vide remplie d'un agent de conservation liquide. Les différents degrés de pénétration déterminent la classification du bois. Par exemple, un type de bois classé pour utilisation au-dessus du sol contient moins d'agents de conservation qu'un autre type classé pour être en contact avec le sol – cela va de soi.

le bois traité

Auparavant, l'on traitait le bois à l'arsenic, mais des inquiétudes au sujet de la filtration de ce produit à travers le bois utilisé pour construire des patios résidentiels, des terrains de jeux et autres structures ont incité l'agence de protection environnementale à mener une enquête. Depuis, il a été décidé de traiter le bois avec des composés de cuivre plus écologiquement acceptables et ne représentant aucun danger pour les humains (mais possiblement nocifs pour la vie marine). Ces composés, cependant, sont hautement corrosifs. Il est donc recommandé d'utiliser des vis et des clous en acier galvanisé ou inoxydable comme matériel de fixation.

La teinte du bois traité varie d'un brun verdâtre foncé au brun pâle. Sans finition, le bois traité prend une teinte grise ou brun pâle. Si vous appliquez une teinture ou de la peinture, laissez sécher le bois pendant au moins six mois avant d'appliquer le produit de finition. Les changements dans le procédé du traitement du bois ont entraîné une augmentation d'environ 10 % dans le coût d'achat.

À GAUCHE Sans produit de finition, le bois traité prend une patine brun marbré. Une fois installé, ce bois rétrécit légèrement sur le plan de la largeur.

CI-DESSOUS, À GAUCHE Voici un autre exemple de la polyvalence du bois traité sous pression.

CI-DESSOUS Il existe différentes sortes d'agent de conservation, y compris l'un pour le bois en contact avec le sol.

l'entretien de **v**otre **p**atio

▌**Même un patio « sans entretien »** requiert un minimum d'intervention. Des soins routiniers, comme enlever les feuilles et les brindilles de la surface, aident à prévenir de plus sérieux problèmes de dégradation.

▌**Balayez votre patio et lavez-le sous pression** régulièrement. Enlevez la poussière et les débris des joints, et nettoyez les accumulations de moisissures. Évitez de projeter un jet d'eau trop puissant afin de ne pas endommager la surface de finition. Vous pouvez aussi récurer votre patio avec une laveuse à pression comprenant un agent de blanchiment, mais l'eau à elle seule suffit habituellement à la tâche.

▌**Appliquez un scellant de qualité** pour protéger votre bois de l'humidité, de la moisissure, de la pour-riture et de la décoloration. Les scellants contiennent des produits hydrofuges et des inhibiteurs UV qui limitent les effets néfastes du soleil. Au moment d'acheter votre produit de finition, vous pouvez y ajouter un fongicide, un insecticide et un agent antimoisissure. La résine, ou « résine alkyde », est une matière hydrofuge qui s'infiltre dans le bois et le protège de l'humidité sans durcir à la surface. Une application généreuse donnera un aspect légèrement lustré à votre patio.

▎▎▎ les teintures et les scellants rehaussent l'aspect du bois ▎▎▎▎▎▎▎▎▎▎▎▎▎▎▎

CI-DESSUS À GAUCHE Même si le toit de ce pavillon protège le plancher en bois des intempéries, un vernis ultrabrillant a été appliqué – tant pour son attrait visuel que pour limiter la dégradation causée par la pluie et les débris.

▎

CI-DESSUS Les scellants qui contiennent des résines donnent un aspect lustré éclatant à votre patio.

▎

À GAUCHE Un patio ombragé est plus susceptible de recevoir des débris naturels. Lavez-le sous pression au besoin pour enlever les traces de moisissures.

les matériaux composites

Jadis, les matériaux composites étaient destinés uniquement aux projets commerciaux, mais ils sont de plus en plus prisés par les propriétaires. Cette popularité s'explique sans doute par le fait qu'ils ne requièrent pratiquement pas d'entretien. Il existe plusieurs types de matériaux synthétiques, aussi est-il préférable de bien étudier les attributs de chacun d'entre eux. Certains sont composés de fibres de bois et de plastique récupérées de rebuts de bois et de plastiques recyclés. D'autres sont fabriqués de vinyle. Les deux sont utilisés principalement pour le platelage, mais certains fabricants offrent des composantes assorties pour les mains courantes et les garde-corps.

Le platelage en matériaux synthétiques offre plusieurs avantages. Il ne risque pas de pourrir et de gercer, et il ne produit pas d'échardes – un net avantage pour les parents d'enfants qui jouent encore à quatre pattes. Les planches sont précolorées de manière à vous éviter la corvée et les frais reliés aux travaux de finition. Certains modèles se plient facilement, créant ainsi la possibilité de modèles de platelage et de balustrade originaux que le bois ne peut tout simplement pas égaler. Enfin, le bois synthétique requiert moins d'entretien, ce qui vous laisse davantage de temps pour profiter de votre patio.

CI-DESSUS La flexibilité des produits en bois synthétique offre une variété de possibilités créatrices, y compris ce motif incrusté et ces banquettes curvilignes.

L'inconvénient majeur d'un produit en matières composites est son prix – souvent bien plus élevé que celui d'un bois de qualité supérieure. Vous pouvez récupérer une partie de ces frais, car ce produit requiert moins de travail, mais il vous coûtera tout de même plus cher.

Les matériaux composites nécessitent d'autres précautions. Les types de bois synthétique dense retiennent plus de chaleur que le bois naturel, ce qui pourrait s'avérer inconfortable pour y marcher pieds nus. Certaines marques sont lourdes et denses, ce qui les rend encore plus difficiles à manipuler que le bois. Et en dépit de toute la bonne volonté des fabricants d'offrir un produit composite aussi vrai que nature, peu d'entre eux y parviennent réellement.

CI-DESSOUS Le platelage en matériaux synthétiques finit par se patiner à la longue, mais le processus de dégradation est beaucoup plus lent que celui du bois.

idée de génie

Un patio écolo

Achetez votre bois auprès de fournisseurs certifiés par le Forest Stewardship Council et la Sustainable Forestry Initiative. Pour connaître les matériaux synthétiques écologiquement acceptables, consultez le Healthy Building Network.

CI-DESSUS À GAUCHE Les planches en aluminium possèdent une finition éclatante. Assortissez vos balustrades au platelage.

CI-CONTRE EN BAS Le choix de l'aluminium pour le platelage convient bien à l'agencement de matériaux. Ici, des balustrades en bois rehaussent l'aspect du platelage en aluminium.

CI-DESSUS Certains matériaux synthétiques sont considérés comme écologiquement acceptables, car ils sont fabriqués de matières recyclables.

aluminium : solution de rechange

Un patio en aluminium ? Vous seriez étonné de voir à quel point ce type de plate-lage peut être attrayant. Le peu d'entretien qu'il requiert fait partie de ses avantages. Léger mais résistant, le platelage en aluminium est fabriqué de matières recyclables. Son aspect est épuré et contemporain. C'est un matériel dense, ainsi les bosses et le bruit ne constituent pas un problème. Son installation est beaucoup plus rapide que celle d'un platelage en bois.

Comment cela fonctionne-t-il ? Les planches d'aluminium s'emboîtent pour former une surface étanche. Des canaux incorporés entre les planches écoulent les eaux, ainsi aucun autre système d'écoulement n'est requis en dessous du patio. Il existe un vaste choix de couleur et l'installation ne requiert aucun outil spécialisé.

La solidité structurelle de votre patio dépend du choix des matériaux. Mais la finition peut aussi contribuer à sa longévité. Les intempéries, la circulation et l'ensoleillement mettent sa durabilité à rude épreuve. Pis encore, les joints situés entre les nombreux éléments d'un patio retiennent l'humidité bien après que la pluie a cessé, ce qui favorise l'apparition d'insectes, de pourriture et de moisissures. Cela étant dit, les fabricants ont développé une variété de scellants, d'agents de conservation, d'inhibiteurs UV, de pigments et de résines pour combattre cet assaut.

la finition

Les scellants transparents, ou agents de conservation hydrofuges, constituent le choix le plus populaire pour les nouveaux patios. Ils aident à prévenir les gerces, les craquelures, le voilement, le gauchissement et le fendillement. Malgré la transparence du scellant, le bois scellé continue de se patiner.

Les colorants pigmentaires, ou teintures transparentes, offrent une meilleure protection que les scellants transparents. Ils rehaussent la couleur du bois tout en laissant le fil de grain visible. Une application sur du bois traité lui donne l'aspect d'un bois plus dispendieux. Les meilleurs produits pénètrent la surface du bois, la protègent des moisissures et de la lumière UV et laissent une couche de surface assez substantielle pour prévenir l'absorption d'humidité. Les teintures semi-transparentes contiennent davantage de pigments et sont efficaces pour dissimuler les imperfections du bois. La teinture alkyde, ou à base d'huile, donne d'excellents résultats car elle imprègne mieux le bois que les formules acryliques.

Les teintures opaques ressemblent à de la peinture diluée. Elles protègent des rayons UV et dissimulent la couleur et le grain du bois. Les produits à base d'huile durent plus longtemps, mais les formules à base d'eau se nettoient plus facilement.

Les peintures pour patios et vérandas sont des produits filmogènes. Cette caractéristique permet une meilleure protection contre l'humidité et les rayons UV et les rend idéales pour camoufler des qualités de bois inférieures. La peinture, cependant, peut gercer et s'écailler, et subir les effets de l'usure dans les zones de circulation plus achalandées.

Les agents de conservation ne sont pas de la peinture mais des additifs aux propriétés spécifiques, telle la résistance aux maladies fongiques, à la pourriture et à la décomposition. Les agents de conservation peuvent être appliqués avant la peinture ou être ajoutés au produit de finition.

À DROITE Deux aires distinctes se démarquent par leur finition différente. L'aire de détente altérée par les intempéries s'intègre bien au foyer en pierre, tandis que l'aire en face du foyer est pourvue d'un platelage couleur rouille.

▌

CI-CONTRE EN HAUT La peinture des escaliers et des balustrades reproduit la couleur pâle du sable. Les accessoires de cuivre ajoutent une touche décorative.

▌

CI-CONTRE EN BAS Une peinture marine opaque protège le bois autour d'un bain à remous.

un agent de conservation prévient le pourrissement du bois non traité

peinture marine

Pour peindre un patio, vous pouvez aussi utiliser une peinture marine à l'épreuve des intempéries.

À DROITE Une teinture naturelle protège le bois mais laisse paraître le grain et les nœuds.

CI-DESSUS À GAUCHE La durabilité de la peinture alkyde en fait le choix idéal pour peindre des structures extérieures.

CI-DESSUS Les produits de finition pour patio peuvent être mélangés sur mesure afin de reproduire la couleur de votre maison.

4

Le climat, la dénivellation de votre cour et le code du bâtiment de votre localité sont des facteurs qui peuvent influer sur votre décision de construire une terrasse au lieu d'un patio. L'esthétisme compte également. Selon sa forme, une terrasse peut s'intégrer presque de manière organique au paysagement. Mais votre budget doit aussi être pris en considération. Le coût d'installation d'une terrasse est habituellement plus élevé que celui d'un patio, mais les matériaux – brique, pierre, carreaux et béton – sont durables et requièrent peu d'entretien si l'évacuation de l'eau est efficace. Ces matériaux peuvent être disposés selon divers appareillages et agencés. Quant au béton, vous pouvez le colorer ou le texturer afin de concevoir un ensemble unique.

Revêtements de sol

▎ matériaux et installation

L'ardoise bleue constitue un choix classique pour une terrasse. Ici, la dimension aléatoire des pierres et leur contour irrégulier rehaussent l'aspect visuel de la surface.

Avant de choisir un revêtement pour votre terrasse, déterminez ce qui s'intègre le mieux au style de votre maison.

La brique, d'allure classique et extrêmement durable, se décline en plusieurs modèles, couleurs, épaisseurs et textures. De la brique ordinaire et des pavés d'une demi-épaisseur peuvent être disposés selon divers appareillages placés sur un lit de sable ou de mortier. Un appareillage posé à sec est constitué de sable et de ciment que l'on mouille une fois le mélange coulé entre les briques. Le mortier durcit en séchant.

matériaux et installation

La pierre constitue un choix naturel pour les terrasses. Elle est offerte, comme la brique, en plusieurs couleurs, textures, modèles et épaisseurs, et peut être disposée directement au sol ou placée sur du mortier ou un lit de sable. Même si elle peut se poser de manière uniforme comme la brique, plusieurs propriétaires préfèrent opter pour un appareillage aléatoire inspiré par la forme individuelle des pierres. Parmi les types les plus reconnus se trouvent le granite, la pierre calcaire, l'ardoise, la pierre bleue et le grès.

Le béton est l'une des possibilités de revêtements de sol les moins dispendieuses et les plus polyvalentes. Vous pouvez le rainurer pour lui donner l'aspect de carreaux, ou le damer ou le lisser pour créer différents motifs et textures. Vous pouvez également le peindre ou le teindre, ou l'incruster de cailloux, de coquillages ou d'éclats de carreaux.

Les pavés et les carreaux sont aussi populaires. Les pavés sont offerts en diverses formes, couleurs et dimensions. Ils sont moins dispendieux et se posent plus facilement que la brique. Les carreaux peuvent coûter, mais leur attrait est incomparable. La terre cuite, la pierre synthétique et le carreau de carrière offrent une multitude de possibilités, et se posent tous sur du mortier. Les carreaux risquent davantage de se fissurer, aussi assurez-vous qu'ils puissent résister aux écarts de température de votre région.

À DROITE Chaleureux et apaisant, le carreau en terre cuite non vitrifié constitue un excellent choix dans un climat tempéré.

CI-CONTRE Les pavés se distinguent à peu près partout. Cet appareillage en volige à caissons possède un aspect classique.

pavés autobloquants

Les pavés autobloquants s'imbriquent les uns dans les autres, ce qui prévient tout déplacement latéral et les maintient en place lorsqu'ils sont soumis à de lourdes charges ou à des écarts de température extrêmes. Lorsqu'ils sont disposés sur du sable, l'espace entre les pavés permet une expansion et l'écoulement de l'eau. Les pavés peuvent également être cimentés entre eux.

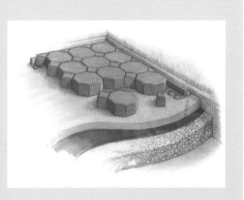

Les appareillages de pavés de taille uniforme évoquent l'aspect d'une route ancienne et conviennent parfaitement à un jardin, à une aire de réception classique ou à des allées. Un autre modèle de pavé, le bloc de béton ajouré, forme une surface solide et plane et protège le sol de l'usure causée par la circulation. Le motif ajouré en nid d'abeilles permet au gazon de pousser entre les blocs.

les appareillages en pierres ou en briques posés à sec ont un aspect moins classique

CI-CONTRE Des pierres de forme irrégulière prises dans du béton s'intègrent harmonieusement à cette maison en stuc de style espagnol.

À GAUCHE Des pavés autobloquants constituent une façon simple de créer une petite terrasse en face de cette jolie remise.

idée de génie

appareillages

Les appareillages peuvent souligner un thème décoratif. À gauche, le cercle autour de l'aire d'assise reproduit les courbes créées par les murs de soutènement disposés en cascade.

À GAUCHE Le mortier gris contraste avec le rouge rustique des tuiles de céramique de cette terrasse. L'effet réalisé souligne leur forme hexagonale et crée un motif de nid d'abeilles percutant.

CI-CONTRE EN BAS Les briques peuvent être disposées de diverses manières attrayantes sur les terrasses et les bordures.

À DROITE La surface des pierres peut s'avérer fraîche pour le dessous des pieds. Ici, les formes aléatoires ajoutent un intérêt visuel à cette petite terrasse.

la **p**ose du **m**ortier

L'utilisation du mortier pour poser la brique, la pierre et les carreaux offre plusieurs avantages. En séchant, le mortier durcit et maintient l'appareillage en place, rendant ainsi la surface extrêmement durable.

Les méthodes d'utilisation du mortier varient, mais la plus répandue consiste à construire une cloison, à verser du mortier puis à disposer les matériaux directement dessus. Certains propriétaires se sentent peut-être confiants d'entreprendre un petit projet, mais l'embauche d'un ouvrier spécialisé vous assure que l'ouvrage sera de niveau, que le mélange de mortier sera conforme et que les éléments de surface tiendront solidement.

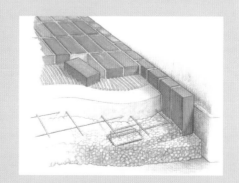

la **p**olyvalence du **b**éton

Il existe plusieurs techniques pour embellir la surface d'une simple dalle en béton, et celles-ci sont souvent moins dispendieuses que le coût d'installation des carreaux, de la brique, de la pierre ou des pavés.

Les avantages. Le béton s'adapte à peu près à toutes les formes et à tous les espaces. Il peut être coloré, rainuré, texturé et modifié pour créer une surface de terrasse unique. Il peut servir de fondation pour d'autres matériaux; vous pouvez donc le recouvrir lorsque vous êtes lassé de son aspect.

Les inconvénients. En cas d'écarts de température extrêmes, le béton se contracte et se dilate, et se fissure. Votre concept doit incorporer des joints de dilatations. Si la finition du béton est lisse, sa surface peut devenir glissante. Comme le béton durcit rapidement, il est préférable d'avoir recours à des professionnels.

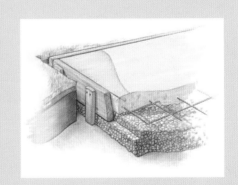

CI-CONTRE Le béton rainuré de cette terrasse française de style rustique lui donne l'aspect de gros carreaux de pierre.

CI-DESSUS Le béton poli possède une surface lisse légèrement lustrée. Ici, les « coulis » de gazon ajoutent un attrait visuel et adoucissent l'ensemble.

À GAUCHE Les teintes variées des carreaux de Saltillo rehaussent leur charme rustique.

CI-DESSUS Des carreaux en ardoise bleue de 10 cm x 10 cm ajoutent de la couleur et de l'équilibre à l'aspect de cette retraite ombragée.

CI-CONTRE De grands carreaux en céramique délimitent l'aire de détente de cette terrasse.

styles de **c**arreaux

▌ **Le carreau de céramique** se décline en plusieurs couleurs, modèles et dimensions, et se nettoie facilement, ce qui en fait un matériau d'exception pour les terrasses. Les carreaux peuvent toutefois se fissurer lorsqu'ils sont exposés à des écarts de température extrêmes. La plupart du temps, il est préférable de réserver l'usage des carreaux de céramique (et d'argile) aux zones tempérées.

▌ **Le carreau de céramique vitrifié** possède une finition brillante aux propriétés hydrofuges, ce qui le rend glissant lorsqu'il est mouillé. À l'extérieur, il est préférable de l'utiliser comme élément décoratif ou le long d'une surface verticale.

▌ **Le carreau de céramique non vitrifié** absorbe l'eau, ce qui le rend plus sécuritaire. Il est habituellement recommandé pour les aménagements extérieurs. La dimension standard d'un carreau de céramique varie de 10 à 50 cm carrés.

CI-DESSUS Une petite terrasse à déjeuner circulaire s'intègre aux marches arrondies qui mènent au jardin.

CI-CONTRE Un auvent assorti de pans de rideaux amovibles procure de l'ombre et de l'intimité de façon stylisée.

I I I I I I I I I I I I I I I le charme d'une terrasse recouverte I I I I I I I I I I I I I I I I I I

5

Un patio ou une terrasse peut être réservé à plusieurs usages – prendre un bain de soleil, lire, recevoir des amis et cuisiner. Il est important de rendre cet espace confortable, sinon vous risquez d'y passer trop peu de temps en regard de l'investissement que vous y avez consacré. Assurez- vous de vous prémunir contre le vent, le soleil et la pluie – et les insectes nuisibles. Un paysagement composé de structures tels un pavillon, une tonnelle et un treillis vous permet non seulement de délimiter votre espace de manière attrayante, mais aussi d'ajouter une touche d'intimité, d'atténuer le bruit et de vous protéger, vous et votre ameublement, des rayons du soleil. Voici quelques suggestions pour votre projet.

Le confort avant tout

- partiellement ou entièrement ombragé ?
- pavillons, tonnelles et treillis

Un espace extérieur confortable est à la fois fonctionnel et accueillant. Ce patio baigné par le soleil requiert de l'ombre pour une partie de la journée, et un parasol semble suffire à la tâche.

Les enceintes pour patio ou terrasse peuvent avoir plusieurs utilités; souvent, elles procurent simultanément de l'ombre, de l'intimité et un attrait visuel. Les écrans antivent sont conçus spécialement pour détourner les vents forts à l'aide de cloisons solides ou rediriger l'air à travers des lamelles qui agissent comme des filtres. Les pavillons, d'un esthétisme attrayant, dévient le vent et offrent de l'ombre. Le grillage moustiquaire traditionnel demeure encore la meilleure protection pour contrer les moustiques et autres insectes. Pour

partiellement ou entièrement ombragé ?

les bricoleurs, le grillage est offert dans une variété de couleurs. Les ossatures sont assez simples à construire. Elles vous donnent ainsi la possibilité de choisir l'ampleur de la superficie à recouvrir.

Pour une ombre plus ponctuelle, utilisez un parasol. En plus d'ajouter de la couleur et du relief à une table à manger ou à une aire de détente, un parasol vous permet d'ombrager un espace très précis. Un parasol d'un diamètre de 2,5 à 3,5 m vous protège suffisamment du soleil et se déploie facilement. Pour plus de stabilité, optez pour un support lesté ou choisissez un pied de parasol qui peut être fixé au sol.

EN HAUT Une pergola tamise la lumière, mais ne l'obstrue pas. Pour une meilleure protection ou pour créer une zone d'ombre fraîche, plantez une vigne.

EN BAS Un parasol en tissu traité pour usage extérieur constitue une façon simple d'harmoniser votre décor – et d'obtenir un endroit ombragé pour recevoir des amis ou prendre le repas.

CI-CONTRE Un tonnelle antique en fer forgé donne un charme de style victorien à cette aire de détente extérieure.

le choix d'un parasol

Un parasol bien conçu comporte une tige robuste, des baleines fixées avec solidité et du matériel résistant, tels une toile acrylique ou un tissu PVC. Les modèles les plus dispendieux sont également pourvus d'un mécanisme d'inclinaison pour modifier l'angle du parasol et bloquer la lumière de n'importe qu'elle directions. Des parasols sans tige peuvent être suspendus à une structure surélevée.

CI-CONTRE EN HAUT Agencer le tissu d'un parasol avec celui des housses de chaises procure une harmonie à l'ensemble. Ici, des guirlandes de lumières entrelacées autour des baleines du parasol créent une ambiance festive.

CI-CONTRE EN BAS La finition en teck des éléments en bois de ce parasol ajoute une touche d'élégance aux fauteuils en cuir et à la table en métal.

CI-DESSUS Un parasol en chaume ou de style tiki peut être assemblé avec des fibres naturelles, tels le saule ou le palmier, ou être fabriqué de manière artificielle. Les fauteuils demi-tonneau de style mexicain rehaussent l'assortiment.

la polyvalence d'un parasol sur pied

CI-CONTRE Ce parasol sur pied est muni d'un mécanisme de fixation compatible avec la plupart des balustrades de patio.

À DROITE Ce parasol d'inspiration orientale est muni d'une tige en bambou. La vivacité de sa couleur s'agence de manière fort attrayante aux briques et aux chaises de la terrasse.

CI-DESSOUS Pour créer une aire de lecture confortable à l'abri du soleil, disposez un parasol derrière une chaise.

idée de génie

à
contrepoids

Un parasol ordinaire requiert un pied lesté d'environ 30 kg pour qu'il ne soit pas renversé par le vent.

CI-DESSUS Les rideaux installés sur les côtés et aux coins de ce pavillon de jardin peuvent être tirés pour offrir de l'ombre et de l'intimité, ou retenus pour permettre à l'air et aux brises rafraîchissantes d'y circuler librement.

CI-DESSUS À DROITE Une causeuse recouverte d'un voile évoque l'esprit de Bali sur une terrasse située sur le toit.

À DROITE Un auvent de toile résistante assortie à des coussins bleu royal ajoute une touche tropicale à cette aire de jardin.

CI-CONTRE Les fronces lâches de ce tissu pare-soleil sont amples et aériennes et confèrent à cette pièce extérieure un caractère paisible et informel.

voiles **d**'ombre et **a**uvents

▌ **Les voiles d'ombre** se nomment ainsi parce qu'elles procurent de l'ombre à l'aide de
« voiles ». Elles se tendent au-dessus d'une aire ou se disposent en pans entre les éléments
d'ossature d'une pergola.

▌ **Les auvents en tissu** se fixent à votre maison ou à une structure et peuvent être déployés
de façon manuelle ou électrique. Les voiles d'ombre et les auvents sont fabriqués en toile
résistante ou en PVC.

une pergola ajoute un élément décoratif à l'ensemble

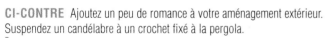

CI-CONTRE Ajoutez un peu de romance à votre aménagement extérieur. Suspendez un candélabre à un crochet fixé à la pergola.

CI-DESSUS Une petite structure lattée en porte-à-faux offre juste assez d'ombre et ajoute du charme à cette terrasse à la campagne.

À DROITE EN HAUT Le concept de ce patio de style pièce sur pièce possède un attrait rustique.

À DROITE AU CENTRE Cet ensemble de poutres et de colonnes massives qui surplombe une allée en pierre menant à une terrasse paraît imposant.

À DROITE EN BAS Si votre budget est trop serré, utilisez un type de bois moins dispendieux, puis peignez-le de votre couleur préférée.

CI-CONTRE Une vigne luxuriante ajoute de l'élégance aux portes-fenêtres cintrées menant à cette petite terrasse.

CI-DESSUS Une couverture constituée de vignes entrelacées autour d'une pergola procure de l'ombre au-dessus de la table à manger de ce patio ensoleillé.

À DROITE Créez un écran visuel naturel en ceinturant votre aire extérieure de plantations de tout genre.

idée de génie

vignes grimpantes

Les vignes grimpantes comblent les espaces d'une pergola ou d'un treillis et procurent de l'ombre et de l'intimité. Elles peuvent grimper le long d'une structure et autour d'elle, et elles constituent un centre d'intérêt visuel attrayant.

la bonne vigne

Il existe plusieurs variétés de vignes, mais avant d'arrêter votre choix, il est préférable de consulter un spécialiste. Vous devrez considérer, entre autres, si la vigne fleurit, si elle croît lentement ou rapidement, si elle requiert de l'ombre ou de la lumière, si elle est pourvue d'épines ou d'un feuillage touffu, si elle nécessite beaucoup d'entretien, et si elle est capricieuse.

aménager pour l'intimité

L'intimité constitue un facteur crucial au moment de concevoir une pièce extérieure, et vous pouvez atteindre le degré souhaité en considérant certains autres éléments. Ainsi, un mur de soutènement, un écran pare-vent ou pare-soleil, et un pavillon à aire ouverte doté de murs autoportants jouent tous un rôle spécifique, tout en ajoutant un caractère intime et privé à votre espace.

À GAUCHE L'érection d'un mur était la seule façon de conférer de l'intimité à cette aire extérieure, mais la pergola et le treillis permettent à l'air et à la lumière de s'y infiltrer.

CI-DESSUS Un mur de soutènement en pierre contrebute la colline située à l'arrière, mais agit aussi comme pare-vent pour cette aire de repas.

À DROITE Des murs en treillis procurent un aspect intime, sans obstruer entièrement la vue sur le lac.

CI-DESSOUS Même si la clôture érigée sur l'un des côtés de ce pavillon ressemble à un mur, une ambiance ouverte et aérée se dégage de l'ensemble.

CI-DESSUS Un toit latté d'aspect rustique recouvert de vignes procure une ombre naturelle à cette terrasse.

À DROITE Ici, d'élégantes colonnes striées soutiennent un plafond d'allure architecturale intéressante, constitué de poutres et de treillis.

CI-CONTRE EN HAUT Un toit ajouré protège une section de cette terrasse, tandis qu'une pergola offre de l'ombre à l'aire attenante à la maison. La couleur blanche des deux éléments donne une continuité visuelle à l'ensemble.

À GAUCHE Des lattes disposées horizontalement en face du grillage en moustiquaire contribuent à l'aspect équilibré et ordonné de ce jardin soigneusement structuré.

À DROITE Des lattes fixées de biais à des poteaux donnent une allure cloîtrée à cet aménagement.

CI-CONTRE EN BAS À GAUCHE Les lattes en bois disposées de biais favorisent l'intimité et l'aération.

CI-CONTRE EN BAS À DROITE Les éléments naturels s'intègrent de manière organique au paysagement.

des lattes de biais, pour plus d'intimité et d'aération

CI-DESSUS Sur cette terrasse d'inspiration méditerranéenne, des colonnes en spirales – ou torsadées – de style élaboré soutiennent des poutres massives qui contribuent à former un pavillon recouvert.

CI-CONTRE À GAUCHE L'aspect informel des bardeaux de bois qui recouvrent ce pavillon simple et raffiné convient tout à fait à un emplacement situé près d'une plage.

CI-CONTRE À DROITE Un joli pavillon peint en blanc posté à l'extrémité d'une terrasse de style jardin campagnard dégage une allure charmante.

pavillons, tonnelles et treillis

En plus d'offrir un abri à votre terrasse ou à votre patio, un treillis, une tonnelle ou un pavillon ajoutent du style à votre aménagement extérieur. Il est préférable d'intégrer ces éléments pendant la planification de votre projet, mais si votre budget est limité, rajoutez-les plus tard.

N'oubliez pas que l'ajout d'un pavillon ou d'une tonnelle de bonne envergure à une structure existante nécessite des semelles et un système de soutènement supplémentaires pour supporter le poids additionnel. (Voilà pourquoi il vaut mieux inclure ces éléments à votre concept original.) Si vous ajoutez une structure à votre patio, inspirez-vous de l'architecture de votre maison pour développer le style de votre projet. Donnez une cohérence à votre aménagement extérieur en vous référant aux supports de sous-faces, à la moulure d'une corniche ou à la largeur de l'avant-toit. Essayez de reproduire l'angle et la configuration de votre toit et, si possible, imitez ou adaptez le schéma de couleurs de votre maison afin que la nouvelle structure s'intègre bien au reste de l'ensemble.

À GAUCHE Le style de ce patio constitue un parfait équilibre entre une aire ouverte et un abri.

CI-DESSOUS À GAUCHE Une fontaine murale procure un centre d'intérêt visuel à cette aire de repas extérieure.

CI-CONTRE Cette structure aérée délimite un espace sans le séparer du jardin.

l'intérêt visuel

À l'instar des espaces intérieurs, les pièces extérieures requièrent un centre d'intérêt visuel. Presque toutes les structures qui contrastent avec leur environnement peuvent devenir un centre d'intérêt visuel, mais la clé consiste à choisir un élément se rattachant aussi en partie au paysage environnant. La récupération architecturale – clôtures de jardin, châssis de fenêtres – les fontaines, les murs, les structures et l'art jardinier attirent tous l'attention.

6

Les Européens le savent depuis des siècles : les pièces extérieures peuvent être aussi confortables et fonctionnelles que les espaces intérieurs. Après tout, quoi de plus agréable que de prendre un repas en famille ou entre amis sous la voûte ombragée créée par les arbres ou l'étendue infinie des étoiles scintillantes ? Pour transformer votre aménagement extérieur en espace de divertissement accueillant, commencez tout simplement par vous équiper d'un ameublement confortable ou lancez-vous dans l'acquisition d'une cuisine extérieure dernier cri. Ce chapitre vous offre plusieurs pages d'idées pour vous inspirer et de judicieux conseils pour vous aider à réaliser vos projets.

L'art de recevoir

- cuisines extérieures
- foyers et aires de feu
- piscines et bains à remous
- salle audiovisuelle
- dîner avec style

Les nouveaux matériaux et tissus résistant aux intempéries vous permettent de meubler votre espace extérieur de manière aussi confortable qu'une pièce intérieure.

P our cuisiner à l'extérieur, il ne vous faut qu'un gril, mais pour vous doter d'une véritable cuisine extérieure, les mêmes considérations que celles requises pour une pièce intérieure s'appliquent. La première consiste à déterminer précisément de quelle manière vous comptez utiliser l'espace. Désirez-vous surtout une aire pour les grillades ou l'espace et le matériel néces-

cuisines extérieures

saires pour préparer un repas complet? Avez-vous besoin d'un coin-repas attenant? Est-ce que plus d'un cuisinier s'occupera de la préparation des repas? Et pour nettoyer? Prévoyez-vous mettre un évier? La façon dont vous occuperez l'espace détermine la dimension et le plan de votre aménagement extérieur. Ainsi, avant de choi-

sir l'emplacement, vous devez considérer non seulement l'aspect pratique, mais aussi les coûts engendrés pour raccorder l'électricité, le gaz naturel et le matériel de plomberie.

La prochaine étape concerne le choix des appareils. Les grils alimentés au gaz, au charbon de bois et à l'électricité constituent des possibilités, en plus des réfrigérateurs extérieurs installés sous les comptoirs, des tonnelets intégrés, des refroidisseurs à vin et des éviers avec eau chaude et froide. Les appareils conçus pour l'extérieur résistent à de rudes conditions climatiques, mais une certaine protection s'impose – peu importe que ce soit une aire recouverte ou à l'intérieur d'une pièce de mobilier.

Un espace de rangement pour les accessoires de cuisson simplifie la préparation des repas, car tout se trouve à portée de votre main. Une surface de comptoir, un atout dans toutes les cuisines, facilite la confection des plats et le service.

CI-DESSOUS Cette terrasse possède tous les atouts, dont la plupart des commodités d'une cuisine intérieure, y compris un gril, un évier et un réfrigérateur intégrés.

CI-CONTRE Les appareils portables et l'ameublement conçus pour l'extérieur peuvent être sortis au besoin puis entreposés en attendant leur prochaine utilisation.

considérations pratiques

▌**La première règle en décoration extérieure ?** Choisir des matériaux à l'épreuve des intempéries. Les matériaux naturels tels la pierre, le bois et l'acier inoxydable constituent des choix classiques.

▌**Assurez-vous** d'installer adéquatement vos appareils et d'aménager votre tuyauterie pour qu'elle résiste au froid.

▌**Protégez bien vos accessoires** et vos aires de cuisson à l'aide d'un toit ou d'un auvent. Prévoyez un élément de mobilier intégré ou amovible pour ranger vos ustensiles et votre vaisselle.

CI-CONTRE Un assortiment attrayant de béton, de carreaux, de pierre et d'acier inoxydable donne à cette cuisine de terrasse une allure épurée d'aspect contemporain.

CI-DESSUS Une table de cuisson au gaz à cinq brûleurs permet aux propriétaires d'apprêter à peu près tout, des pâtes aux légumes à la vapeur.

À GAUCHE Des contenants pour la glace, intégrés dans le comptoir en granite, gardent les boissons au frais.

choisissez un gril selon son prix, ses options et vos besoins ║║║║║║║║║║║║║

le choix d'un gril

▌**La grosseur importe peu.** Avant d'acheter votre gril, mesurez l'espace prévu pour vous assurer qu'il est suffisant.

▌**L'accessibilité est importante.** Choisissez un gril muni d'un compartiment inclinable pour faciliter le changement de la bonbonne de propane.

▌**Les systèmes d'allumage électronique** à bouton-poussoir émettent une étincelle continue qui simplifie l'allumage.

CI-DESSUS Ce gril intégré comprend des brûleurs latéraux ainsi qu'un espace de rangement en dessous du comptoir en granite.

▌

CI-CONTRE EN HAUT Nul besoin de recourir aux bonbonnes de propane avec ce gril raccordé à une conduite de gaz enfouie sous le sol.

▌

CI-CONTRE EN BAS Un comptoir spacieux à côté du gril est pratique pour ranger les plateaux et les accessoires de cuisson. Cette surface est en pierre, mais les carreaux, le béton et l'acier inoxydable constituent également de bons choix.

CI-CONTRE À GAUCHE Des carreaux antidérapants constituent le matériau parfait pour une terrasse autour d'une piscine.

CI-CONTRE À DROITE Ici, un pourtour de briques reproduit la forme curviligne de la piscine.

CI-DESSUS Un pavillon inusité en bois procure une protection partielle du soleil.

À DROITE Le platelage autour d'une piscine offre un espace idéal pour prendre un bain de soleil. Contrairement à la pierre ou au béton, un patio en bois ne retient pas la chaleur, ce qui vous permet de vous étendre sur une chaise ou simplement une serviette.

CI-DESSUS Un pourtour de piscine et une terrasse en carreaux reflètent l'inspiration méditerranéenne de cet ensemble.

À DROITE Des pavés rectangulaires disposés dans un appareillage en volige à caissons rehaussent cette piscine longiligne.

CI-DESSUS Un aménagement paysager dense et luxuriant intègre cette piscine à entrée graduelle et la terrasse attenante au cadre extérieur.

CI-DESSOUS Un emplacement percutant, une terrasse et un platelage constituent un aménagement idéal pour cette piscine.

idée de génie

pensez organique

Inspirez-vous du décor et de la vue environnante pour déterminer la forme de votre piscine.

|||| **intégrez le style de la piscine au paysage environnant** ||||||||

bain à **r**emous : **e**ntretien et **s**écurité

▌**Prenez l'habitude** de maintenir votre bain à remous sécuritaire et accueillant. Assurez-vous, tous les jours, de remplir le bain jusqu'au niveau recommandé. Enlevez les débris du bassin et de l'écumoire ; nettoyez les côtés du bain ; et faites circuler l'eau.

▌**Maintenez le bactéricide** de votre spa à un niveau approprié et recouvrez le bassin – idéalement, verrouillez-le – lorsque vous ne l'utilisez pas.

CI-CONTRE Ce bain à remous hors-sol est niché dans un coin discret. Quelques carreaux à proximité du bain empêchent le gazon et la saleté d'entrer dans l'eau.

CI-DESSUS Une terrasse circulaire a été aménagée pour se conformer à la rondeur de ce spa intégré.

À GAUCHE L'attrait nostalgique de ce bain à remous d'aspect traditionnel procure du charme à cette terrasse arrière.

idée de génie

Camouflez-le

Certains haut-parleurs extérieurs ressemblent à des pots en céramique ou à une statue de jardin. Pour connaître les détaillants, allez sur Internet.

salle audiovisuelle

Intégrer des appareils audiovisuels à une pièce extérieure n'a rien d'innovateur, mais l'arrivée de nouveaux produits sur le marché élève cet aspect de la vie en plein air à un degré supérieur de jouissance. D'abord, ces produits sont conçus pour résister à la plupart des conditions météorologiques, ce qui rehausse l'aspect fonctionnel et polyvalent d'une pièce extérieure. Des téléviseurs à écran plat spécialement conçus sont munis d'un écran antiéblouissant pour les espaces ensoleillés, sont étanches et peuvent être montés sur presque toutes les surfaces planes.

Certains s'installent sur un poteau et peuvent s'incliner pour faciliter le visionnement. Lorsqu'ils sont intégrés à d'autres appareils audiovisuels, ils peuvent reproduire l'allure et la sensation d'un cinéma maison. Des lecteurs de CD et de DVD, des radios et des syntoniseurs pour l'extérieur résistent également aux intempéries, comme les haut-parleurs qui se fixent au mur ou au sol. Enfin, grâce à la technologie sans fil, des fichiers MP3 peuvent être écoutés où vous le voulez, quand vous le voulez.

CI-CONTRE EN HAUT Un téléviseur au-dessus du foyer procure un aspect « casanier » à cette terrasse recouverte.

CI-CONTRE EN BAS Même si la verdeur des haut-parleurs se confond parmi les plantations, le son reste clair et net.

CI-DESSUS Ce téléviseur monté sur un poteau est conçu pour résister aux intempéries – même celles sous forme de jet d'eau d'un boyau d'arrosage.

Une bonne partie du plaisir et de l'utilité que procure une aire de divertissement extérieure gravite autour des dîners en plein air. En effet, s'attabler pour prendre le repas à l'heure du crépuscule, par une brise légère parfumée par les fleurs, crée une ambiance irrésistible. Pour certains, cette sensation surpasse même celle d'un dîner cinq étoiles au restaurant. Un tel aménagement dans votre cour ne requiert qu'une table et des chaises confortables. Certains patios et terrasses plus élaborés sont pourvus d'aires de repas désignées à l'écart des autres espaces extérieurs.

dîner avec style

Même si votre concept ou votre budget vous permettent de réaliser ce type de plan, aménagez votre aire à proximité de la cuisine – à moins d'avoir prévu une cuisine extérieure. Ainsi, vous rentabiliserez mieux votre espace si vous n'avez pas à revenir de l'intérieur de la maison à maintes reprises avec des plateaux chargés de nourriture et de rafraîchissements. Pensez confort : les chaises ou les banquettes intégrées devraient êtres munies de coussins, et les tables devraient être solides et spacieuses. Pour maintenir l'entretien au minimum, utilisez des matériaux à l'épreuve des intempéries, tels le teck ou l'ameublement en résine.

EN HAUT Pour maintenir cet ensemble en teck blond sable attrayant, utilisez un scellant pour bois de qualité. Lavez votre ameublement avec de l'eau et du savon une fois par année pour enlever la saleté et les accumulations de mousse.

À DROITE Des chaises légères en aluminium et en osier jumelées à une grande table conviennent parfaitement aux soirées entre amis. Cet ensemble est idéal pour une terrasse ou pour une longue cour latérale.

CI-CONTRE Ici, une table près du sol, attenante à la piscine, a été conçue à partir du même bois que celui du patio.

CI-DESSUS Une vieille table de ferme et des chaises de bistrot reproduisent l'allure et l'ambiance d'un dîner européen en plein air.

À DROITE Le fer forgé, durable et facile d'entretien, demeure un matériel de prédilection pour les ensembles à dîner extérieurs. La surface en verre biseauté remet le mobilier au goût du jour.

CI-CONTRE Des tables à pique-nique traditionnelles dotées d'une touche contemporaine peuvent être rapprochées pour accommoder plusieurs invités ou séparées pour offrir un aménagement plus intime. Un auvent rétractable procure de l'ombre au cours des après-midi ensoleillés.

7

Vous profiterez davantage de votre patio ou de votre terrasse avec un ameublement confortable et attrayant et quelques éléments décoratifs de bon goût. Ce chapitre couvre tous les aspects requis pour obtenir un design extérieur de style. Vous trouverez des idées pour votre ameublement et l'aménagement de l'espace, des conseils pour choisir les bons éléments pour votre aire de détente et de repas, ainsi que des astuces de décoration inspirées d'un thème particulier, y compris méditerranéen, jardin à l'anglaise, contemporain, maison près du lac, zen, rustique, banlieusard, urbain et éclectique. Vous y puiserez surtout l'inspiration nécessaire pour créer votre propre style.

Design extérieur

❚ une touche de style
❚ l'aire de détente
❚ tables à dîner
❚ styles décoratifs

Le meilleur moyen de rendre votre espace extérieur aussi chaleureux et confortable qu'une pièce intérieure consiste à mélanger et à agencer les matériaux, les textures et les couleurs.

Au moment de planifier votre nouvel aménagement extérieur, vous pourriez opter pour un ameublement intégré, telles une banquette ou une table de bar. Ces éléments augmentent le coût de votre patio ou de votre terrasse, mais ils sont installés en permanence et vous font gagner de l'espace – un aspect non négligeable lorsque votre aire extérieure est limitée. Un ameublement extérieur amovible constitue une autre solution. Les fabricants offrent une multitude de choix, y compris une variété de matériaux et de styles pouvant convenir aux goûts contemporains autant que traditionnels. Certains concepts reflètent la tendance qui consiste à brouiller les frontières entre l'espace intérieur et l'espace extérieur, en se servant d'accessoires jadis réservés uniquement à l'intérieur.

une touche de style

La durabilité constitue un aspect crucial à considérer. L'ameublement extérieur est habituellement composé de bois, d'osier, de métal, de plastique ou de résine. L'ameublement en plastique ou en résine est souvent léger et requiert peu d'entretien. Toutefois, les pièces en métal et en bois enduites d'une finition de protection et entretenues adéquatement garderont un bel aspect pendant plusieurs années. Les tissus pour l'extérieur peuvent désormais être traités pour résister au soleil, à l'eau et à la moisissure. Certains tapis sont composés de fibres naturelles, mais les matériaux synthétiques, semblables en apparence, sont plus durables. Durant la saison morte, recouvrez ou entreposez votre ameublement.

CI-CONTRE Un lit plateforme s'intègre naturellement à ce jardin d'inspiration zen. Les tissus et les coussins sont conçus pour un usage extérieur, mais il est préférable de les protéger de la pluie.

CI-DESSUS Un « bureau » extérieur ultramoderne comprend un pupitre et une chaise d'inspiration industrielle en acier inoxydable.

meublez votre pièce extérieure avec style

CI-CONTRE EN HAUT L'élégance de ces chaises longues ajoute du style à une terrasse attenante à une piscine.

CI-CONTRE EN BAS L'amélioration récente des produits de finition aide à maintenir le bel aspect de l'ameublement durant toute la saison.

CI-DESSUS Ce patio recouvert équipé d'un ameublement confortable se transforme en salle de séjour à aire ouverte.

contrôle de **q**ualité

Examinez les nouvelles acquisitions pour votre patio ou votre terrasse de la même manière que vous le feriez en évaluant un élément d'ameublement pour votre maison. Secouez les meubles pour vous assurer de leur robustesse, inspectez les joints et évitez les fixations en saillie ou les surfaces ébréchées. Évaluez les finitions selon leur capacité hydrofuge et leur résistance aux égratignures. En ce qui concerne les tissus, optez pour des matériaux résistants et des enduits conçus afin de réfléchir et de contrer les rayons UV, l'humidité, la moisissure et la décoloration.

CI-CONTRE Votre ameublement extérieur peut être aussi confortable que celui dont vous disposez à l'intérieur. Dans certaines régions, un article de qualité peut servir presque toute l'année.

CI-DESSUS Cette enceinte polyvalente renferme une aire de feu, possède une surface en pierre pour y déposer son verre et offre du rangement derrière les portes du mobilier.

CI-DESSOUS Les lignes épurées et le bois naturel rehaussent l'aspect de cette chaise. Dans une aire de jardin, elle ressemble à une œuvre d'art.

Les petits plaisirs de la vie – lire un livre ou partager un verre avec des amis – se savourent infiniment mieux si vous possédez une aire de détente spacieuse et confortable. Disposez les canapés et les chaises de manière à favoriser la conversation. Transformez un coin en retrait en aire de repas improvisée. Ajoutez une chaise longue ou même un lit de jour pour la sieste.

l'aire de détente

Les patios sont souvent pourvus de banquettes intégrées. Si vous choisissez cette solution, demandez à l'entrepreneur d'améliorer le degré de confort de ces éléments en inclinant le dossier des banquettes, et pour assurer un meilleur support lombaire, de donner aux sièges une profondeur d'au moins 37 cm.

Même si vous optez pour des banquettes intégrées, ajoutez des éléments portables pouvant être disposés ou déplacés au besoin. Choisissez parmi une chaise, un fauteuil coulissant, un fauteuil à bascule, un canapé, une chaise longue, un fauteuil club ou un tabouret. Essayez l'article en magasin pour évaluer son degré de confort et de robustesse. À moins d'une protection adéquate, un ameublement en bois orné ou muni de pièces à la configuration compliquée ne convient pas pour l'extérieur : la moisissure et les éléments pourraient s'infiltrer facilement dans les interstices et les parties mécaniques. Les coussins rembourrés de fibres acryliques et recouverts d'un tissu à l'épreuve des intempéries et des rayons UV sont plus résistants.

CI-DESSOUS Une table et des chaises parées de coussins et de jolis tissus rendent cette terrasse confortable et accueillante.

CI-CONTRE Une chaise rustique en rameaux convient parfaitement à un patio d'aspect décontracté. Un scellant résistant aux intempéries, appliqué aux deux ans, la maintiendra en très bon état.

une banquette intégrée donne une allure distinguée

CI-DESSUS Des traversins et des coussins plats à rayures rehaussent le style de ces banquettes intégrées.

CI-CONTRE À l'heure du dîner, cet ameublement de style bistrot peut être rapproché de la banquette.

À GAUCHE Des coussins colorés atténuent les lignes angulaires et la surface rigide de cette aire d'assise en béton.

CI-DESSUS Les chaises en osier et en rameau naturels sont jolies mais délicates. Protégez-les des intempéries ou utilisez-les seulement dans une aire recouverte.

À DROITE Faciles à ranger, légères et lavables, ces chaises papillons recouvertes d'un canevas amovible sont pratiques et d'allure distinguée.

styles de places assises

Il existe plusieurs types de places assises qui conviennent pour l'extérieur :

▌**Les chaises avec coussins**. Les coussins se placent sur le dessus d'une ossature et peuvent être enlevés pour être nettoyés.

▌**Le fauteuil-hamac** est constitué d'une pièce de toile forte fixée à une ossature pour former une assise. Le tissu sèche rapidement et maintient sa forme.

▌**Les chaises avec sangles** sont caractérisées par un entrecroisement de bandes de plastique ou de canevas fixées à l'ossature de la chaise.

▌**Les chaises en mailles de vinyle** sont constituées du même plastique tissé que celui des chaises de plage portables.

CI-DESSOUS L'ossature en cyprès de cet ensemble modulaire est naturellement hydrofuge et insectifuge.

CI-CONTRE EN HAUT Ces chaises longues en teck munies de coussins amovibles se plient facilement pour être entreposées durant l'hiver.

CI-CONTRE EN BAS Un hamac suspendu dans un support en teck inusité constitue le centre d'intérêt visuel de ce patio.

idée de génie

le bois

Le cyprès et le teck sont plus durs et résistent mieux aux intempéries que les autres types de bois. On peut les laisser sans finition afin qu'ils prennent une patine naturelle.

le bois s'intègre naturellement aux espaces extérieurs ‖ ‖ ‖ ‖ ‖ ‖ ‖ ‖ ‖ ‖ ‖ ‖ ‖ ‖ ‖ ‖ ‖ ‖ ‖

tables à dîner

Le choix d'une table pour votre terrasse ou votre patio devrait répondre aux mêmes critères que celui d'une table disposée à l'intérieur – sa dimension doit convenir autant à votre famille qu'à votre nouvel aménagement extérieur. Si vous recevez souvent, optez pour une table extensible. Autrement, utilisez deux petites tables – ou davantage – regroupées pour les réunions plus intimes ou disposées autour de la terrasse ou du patio si vous recevez de plus gros groupes.

Une table à dîner standard mesure 80 cm de haut, mais des modèles à la hauteur d'un comptoir de cuisine (90 cm) et de bar (100 cm) constituent des possibilités intéressantes.

Une table à dîner doit être robuste – si elle est instable en magasin, ne l'achetez pas. Remuez les pattes pour vérifier la solidité des joints, puis examinez la finition à la recherche d'égratignures ou d'imperfections.

Les tables extérieures les plus durables sont fabriquées d'un bois approprié – le teck et le cyprès vieillissent bien – et sont recouvertes d'une finition protectrice. Le fer forgé, le verre, l'aluminium, le plastique ou la résine constituent d'autres solutions populaires. Peu importe votre choix, un bon entretien ainsi qu'un remisage hivernal maintiendront votre ameublement en bon état. Pour vous rendre la vie plus facile pendant vos réceptions, ajoutez un buffet, un bar portable ou un poste pour la préparation des aliments.

CI-CONTRE Une longue table pour huit personnes convient à la plupart des familles. Pour préserver la couleur d'une table en teck comme celle-ci, appliquez de l'huile de teck. Laissé sans finition, le teck prend une teinte gris argenté.

CI-DESSOUS Une table ovale permettra à plus de convives de s'y asseoir, et ce, de manière plus confortable. Celle-ci possède une surface en plastique assortie aux chaises. Pour nettoyer un ameublement de ce type, utilisez un chiffon humide et un savon doux.

À GAUCHE Cet ensemble en fer forgé peint est joli, mais il retient la chaleur et pourrait devenir incomfortable après une longue période de temps assise. Il est donc préférable d'ajouter des coussins.

CI-CONTRE Le fer forgé noir et le verre constituent une combinaison classique. Les coussins à rayures blanches et vertes rendent cette aire accueillante.

un espace confortable

Moins, c'est mieux, surtout si vous disposez de peu d'espace. Choisissez alors un ameublement à double usage, tel un lit de jour, qui peut être transformé en canapé. Prévoyez suffisamment d'espace pour permettre aux convives de s'asseoir et de se relever plus facilement. Dégagez les aires de circulation les plus achalandées et laissez-les libres de tout ameublement. Considérez également l'éclairage, le revêtement de sol et les accessoires de façon à ce qu'ils rendent votre espace extérieur confortable, sécuritaire et accueillant.

Profiter du plein air n'a jamais été aussi agréable qu'en ce moment. À cause de la popularité sans cesse croissante des aménagements extérieurs, les concepteurs et les fabricants proposent des idées et des ameublements qui permettent de reproduire à l'extérieur l'aspect sophistiqué de votre espace intérieur.

styles décoratifs

Vous penchez pour un style de décoration intérieur particulier ? Transposez-le à l'extérieur – ou optez pour une allure tout à fait différente. Donnez-vous carte blanche, ou rentabilisez votre espace en choisissant votre ameublement en fonction de la forme et de la dimension de votre patio ou de votre terrasse. Vous pourriez aussi tenir compte de la partie visible de cet espace depuis l'intérieur de votre maison, surtout si vous disposez de grandes fenêtres ou de portes vitrées avec vue. Le décor extérieur ne doit pas nécessairement être assorti au décor intérieur, mais un agencement des styles et des couleurs donne une cohésion à l'ensemble.

Après avoir considéré tous ces aspects, vous pourrez choisir vos couleurs, votre ameublement et votre style décoratif en toute confiance. Puisez vos idées dans des magazines et des salles d'exposition, puis colligez celles qui vous attirent le plus. Rassemblez un échantillonnage représentatif, puis faites une sélection parmi les choix retenus pour créer votre propre style. Il est également avantageux d'examiner vos échantillons de tapis, de peinture et de tissu à l'extérieur, pour ainsi vérifier l'aspect des couleurs sous une lumière naturelle.

CI-CONTRE Un ameublement en osier naturel, des coussins et un tapis en jute rendent cette terrasse de campagne confortable.

À GAUCHE Une petite table et deux chaises suffisent pour donner une allure de style bistrot français à ce coin de terrasse.

CI-DESSOUS Des tissus imprimés aux couleurs vives d'origine mexicaine rehaussent l'aspect de cette aire de repas extérieure.

l'aspect vieille Europe des couleurs blanchies au soleil

CI-CONTRE Les colonnes, la ferronnerie et la pierre naturelle « vieillissent » instantanément ce nouvel aménagement extérieur.

CI-DESSUS L'aspect naturel et la simplicité des matériaux caractérisent le style méditerranéen.

À DROITE Les plantations luxuriantes qui ceinturent cette terrasse évoquent certains espaces en bordure de mer. La vaisselle en céramique peinte à la main est importée d'Italie.

CI-DESSOUS Ici, de nombreuses plantes en pot jumelées à un ameublement de jardin imposent le style de l'aménagement. Le revêtement en carreaux d'argile est pratique pour la transplantation et l'arrosage des plantes.

CI-CONTRE C'est l'heure du thé. Cet espace extérieur entouré d'un jardin possède tout le charme de la campagne anglaise. Quelques accessoires de service antiques ajoutent à l'effet.

idée de génie

jardin à l'anglaise

Le charme d'un jardin à l'anglaise traditionnel peut être reproduit à l'aide d'un ameublement coquet bordé de fleurs et de végétaux.

fleurs et fragrances définissent le style du jardin à l'anglaise

| | | | | le style d'aménagement épuré de l'esthétisme moderne | | | | | | | | | | | | | | | | | |

À GAUCHE Une bordure modeste de fleurs sur deux des côtés de cette terrasse en carreaux de pierre calcaire contraste avec l'ultra modernisme et la blancheur crue de l'ameublement, atténuant ainsi leur aspect. Une carafe et des verres en plastique vert lime ajoutent de la couleur.

CI-DESSOUS Cette table basse et ces banquettes en résine possèdent tous les attributs épurés du design moderne. Les fleurs bleues de la plate-bande adjacente font écho à la couleur cobalt de l'ameublement.

idée de génie

les temps modernes

Les structures organiques et linéaires constituent des éléments importants du design moderne. Pour équilibrer l'ensemble, choisissez des matériaux complémentaires et réduisez les accessoires au minimum.

CI-DESSUS Un simple lit en bois de pin entouré d'arbres transforme ce patio recouvert en retraite d'été idéale pour le repos.

CI-CONTRE EN HAUT Cette chaise douillette constitue le perchoir idéal pour observer les bateaux naviguant sur le lac.

CI-CONTRE EN BAS On a teint des chaises élégantes à dossier haut pour les assortir aux couleurs boisées du patio et du parement naturel.

l'aspect informel et les teintes boisées rehaussent cet ensemble

idée de génie

maison près du lac

Pensez simplicité et sobriété. Pour votre style « maison près du lac », inspirez-vous des arbres et des points de vue au loin.

idée de génie

zen

L'ordre et la simplicité connotent le style zen. Son aspect minimaliste s'intègre bien à l'architecture et à l'ameublement modernes. Cette combinaison porte parfois le nom de « design fushion. »

créez un style apaisant et dépouillé

EN HAUT Dans un jardin zen, ce reposoir est tout désigné pour arborer une représentation de Bouddha.

CI-DESSUS Un design minimaliste, tel celui caractérisé par ces chaises, s'intègre bien au style zen.

CI-CONTRE L'aspect ordonné est un élément clé pour atteindre un niveau « illuminé » de design.

idée de génie

rustique

L'utilisation de matériaux indigènes, une finition rudimentaire et une touche de confort caractérisent le style rustique. Évitez de surcharger votre décor et utilisez les couleurs présentes dans la nature.

chaleureux, champêtre et décontracté – voilà le style rustique

CI-CONTRE EN HAUT Une chaise en bois cintré, souvent fabriqué de noyer, possède un cachet unique.

CI-CONTRE EN BAS Ici, une palette simple aux couleurs de la terre dévoile cet ensemble sous son meilleur jour.

CI-DESSUS Un ameublement fabriqué en pièces de bois convient parfaitement au style rustique. Ces pièces proviennent d'un cèdre.

idée de génie

espace banlieusard

Parmi les concepts durables et confortables pouvant convenir à la famille et aux amis se trouve l'ameublement fabriqué en « osier » synthétique. Il possède une belle apparence et résiste aux intempéries.

CI-DESSUS Sur cette grande terrasse, les places assises sont regroupées pour recréer l'ambiance intime d'une salle familiale.

CI-CONTRE EN HAUT À GAUCHE Séparez l'aire de repas du reste de l'espace à l'aide d'une couverture ou d'une cloison.

CI-CONTRE EN HAUT À DROITE Créez un jardin en pots sur votre patio. Mélangez les fleurs avec des légumes et des fines herbes.

CI-CONTRE EN BAS Pour une transition transparente de l'intérieur vers l'extérieur, peinturez l'ameublement de votre terrasse de la même couleur que la maison.

un concept familial convivial, mais de style

CI-CONTRE À l'aide d'un platelage, de plantes en pot et de fontaines originales, un concepteur a créé une oasis urbaine dans cette cour arrière.

CI-DESSOUS Ici, une chaise Adirondack semble bien à sa place sur cette terrasse urbaine. Le bois naturel de l'ameublement et du platelage offre un contraste chaleureux avec le mur en béton.

une retraite urbaine peut être simple ou mondaine ||||||||||||||||||||||||

idée de génie

urbain

La forme suit la fonction, et dans un environnement urbain, les pièces extérieures doivent être polyvalentes, car l'espace y est souvent limité.

À GAUCHE Utilisez plusieurs tissus imprimés, mais choisissez un élément unificateur, tels le dessin, la couleur ou le motif.

CI-DESSOUS De vieilles portes en fer forgé assemblées par des charnières créent une toile de fond de style Nouvelle-Orléans pour cette pièce aménagée dans une encoignure. Les courtepointes cousues à la main ajoutent de la couleur.

CI-CONTRE Cette terrasse intègre les éléments de plusieurs styles, y compris une touche d'aspect rustique, une touche moderne et une bistrot français.

avec la spontanéité du style éclectique, tout est possible

idée de génie

éclectique

Le principe élémentaire du style éclectique consiste à combiner les couleurs, les styles, l'ameublement et les tissus de votre choix. Aucune règle décorative n'existe – laissez-vous guider par votre intuition.

8

Un éclairage extérieur possède plusieurs avantages. Il permet à votre patio ou à votre terrasse de se transformer en aire de repas, de détente ou de divertissement bien après le coucher du soleil. De plus, l'éclairage peut créer une ambiance. Peu d'aménagements extérieurs paraissent aussi beaux et mystérieux qu'un jardin la nuit, et ce sentiment s'accroît lorsque vous pensez soigneusement à l'emplacement et au type d'éclairage à utiliser. Ce chapitre explore plusieurs possibilités de lumières et d'éclairages extérieurs. Vous trouverez aussi des conseils pour l'installation et l'emplacement qui optimiseront l'allure et l'utilité de votre nouvelle pièce extérieure.

L'éclairage extérieur

▍la planification
▍le choix d'une lumière

L'éclairage est pratique, mais il peut aussi être décoratif. Ici, une lumière suspendue procure un éclairage ambiant convenable tout en s'intégrant bien à l'ameublement moderne.

Les patios et les terrasses sont des endroits pour se détendre et bavarder en famille et entre amis après une longue journée. L'été surtout, les gens préfèrent souvent passer leur soirée à la maison, à l'extérieur. Pour en profiter davantage, dotez votre aménagement extérieur d'un éclairage qui tient compte de vos activités.

la planification

L'éclairage général, dirigé et d'ambiance – identiques aux types qui rehaussent l'aspect de votre espace intérieur – accroît le degré de jouissance que vous procure votre aménagement extérieur. Commencez par déterminer l'endroit à éclairer, sans oublier qu'une profusion de lumière directe peut être crue et peu attrayante. Les allées et les escaliers doivent être bien éclairés. Des briques lumineuses insérées dans les murs près des escaliers, des lumières nichées sous les balustrades, des bras de lumière et des lampadaires procurent un éclairage général pour les aires de circulation dense. Recherchez des lumières agencées au style de votre maison.

Disposez l'éclairage dirigé près des zones d'activité : l'aire de préparation des repas et de cuisson, le minibar ou l'endroit désigné pour préparer les rafraîchissements et les bouchées lorsque vous recevez.

Un éclairage tamisé convient à une conversation autour d'une bonne table. La lueur des chandelles est idéale pour obtenir une lumière feutrée.

L'éclairage décoratif crée une ambiance ou attire le regard vers des éléments architecturaux ou paysagers attrayants. Pour un effet percutant, éclairez des arbustes en contre-plongée ou à contre-jour, ou simulez un clair de lune – en projetant de la lumière en plongée sur un arbre à partir de plusieurs endroits. Dirigez un spot sur une décoration de jardin ou une fontaine. Ces derniers ne sont que quelques exemples. Pour créer plus d'effets, variez vos types d'éclairage.

CI-CONTRE Des spots disposés de manière stratégique dirigent un faisceau lumineux sur différentes parties de cette terrasse.

À GAUCHE Les chandelles et les lampes à huile créent une ambiance unique. Cependant, faites preuve de précaution en les utilisant.

CI-DESSOUS Un concept d'éclairage à effet dramatique accentue autant la lumière que les ombres.

CI-DESSUS À GAUCHE Des lumières halogènes intégrées procurent un éclairage général convenable à ces cuisine et terrasse extérieures.

À GAUCHE De petits spots dissimulés dans le parterre illuminent les plantations et les œuvres d'art de cet espace extérieur moderne.

CI-CONTRE À la tombée du jour, ce concept utilise de multiples sources de lumière pour obtenir un aspect sophistiqué, telle cette lumière suspendue de style Noguchi et les nombreux spots, ainsi que plusieurs techniques d'éclairage – dont la contre-plongée et le balayage mural.

idée de génie

faites-le vous-même

Les lumières de faible voltage conçues spécialement pour les terrasses se posent facilement.

À GAUCHE Un mur en métal ondulé réfléchit la lumière projetée par de petits spots de manière fort attrayante.

CI-DESSUS Ces lumières compactes intégrées dans le mur de brique éclairent les escaliers avec discrétion.

CI-CONTRE En plus d'être pratique, l'éclairage aménagé en dessous de ces marches est décoratif.

l'éclairage écologique

L'éclairage de faible voltage est écologique. D'abord, il économise de l'énergie (et coûte moins cher à utiliser). De plus, plusieurs fabricants offrent désormais des accessoires boucliers de type « ciel étoilé » pour réduire la pollution lumineuse et se conformer ainsi aux ordonnances décrétées dans certaines localités.

| | | | | | | | | | | | un éclairage astucieux accentue les détails | | | | | | | | | | | | | | | | | |

CI-DESSUS De petits spots intégrés dans le sol d'une terrasse rehaussent la texture et la patine d'un mur en vieilles briques, donnant ainsi du caractère à un espace qui serait autrement ordinaire.

À DROITE Ces lumières ponctuelles insérées à même les marches sont à peine visibles, mais elles constituent un élément de sécurité essentiel.

CI-CONTRE Un système d'éclairage implanté dans de simples boîtes métalliques souligne de manière saisissante les formes et les textures de ce jardin zen.

éconergétiques

❚ **Éconergétiques, les ampoules fluocompactes** durent plus longtemps que celles à incandescence. Il convient donc de les utiliser à l'extérieur. Mais si vous habitez une région tempérée, assurez-vous d'avoir une lumière pourvue d'un ballast à l'épreuve du froid.

❚ **Les lumières alimentées à l'aide de petits modules de piles photovoltaïques** constituent une autre solution éconergétique. Ce type de dispositif convertit la lumière du soleil en électricité. Si votre aménagement extérieur se trouve trop loin de votre source d'alimentation, vous pourriez envisager cette possibilité.

idée de génie

simple avant tout

L'eau d'une chute ou d'une fontaine scintille lorsque des lumières sont dirigées vers elle depuis le pourtour du bassin. Certaines installations de fontaines sont pourvues d'éclairage sous l'eau.

À GAUCHE Une lumière en provenance d'une source placée sur le mur au-dessus de la fontaine rehausse à la fois la brique et l'eau.

CI-DESSUS Un éclairage astucieux attire le regard vers la statue et le pavillon situé derrière elle.

CI-CONTRE EN HAUT L'éclairage sous eau de ce bassin illumine les fontaines, tandis que des spots au sol rehaussent de manière percutante les aspérités des rochers.

À DROITE La nuit, un éclairage sous l'eau transforme la chute d'eau de cette cour arrière en mur d'eau scintillant.

la lumière rehausse un élément d'eau